チェック 国語 もくじ

本書の特長と効果的な使い方

本書は，国立・私立中学入試《にゅうし》をめざす受験生《じゅけんせい》が，要点《ようてん》を効率《こうりつ》よく学習できるようにくふうした「まとめ＋問題集」です。さらに「音声一問一答」がついているので，「見る→聞く→書く」の「目，耳，手」を活用した学習ができます。本書に書かれている内容《ないよう》を「まるっと」マスターし，志望校合格《しぼうこうごうかく》の栄光《えいこう》を勝ち取りましょう。

① 学習ページの効果的《こうかてき》な使い方

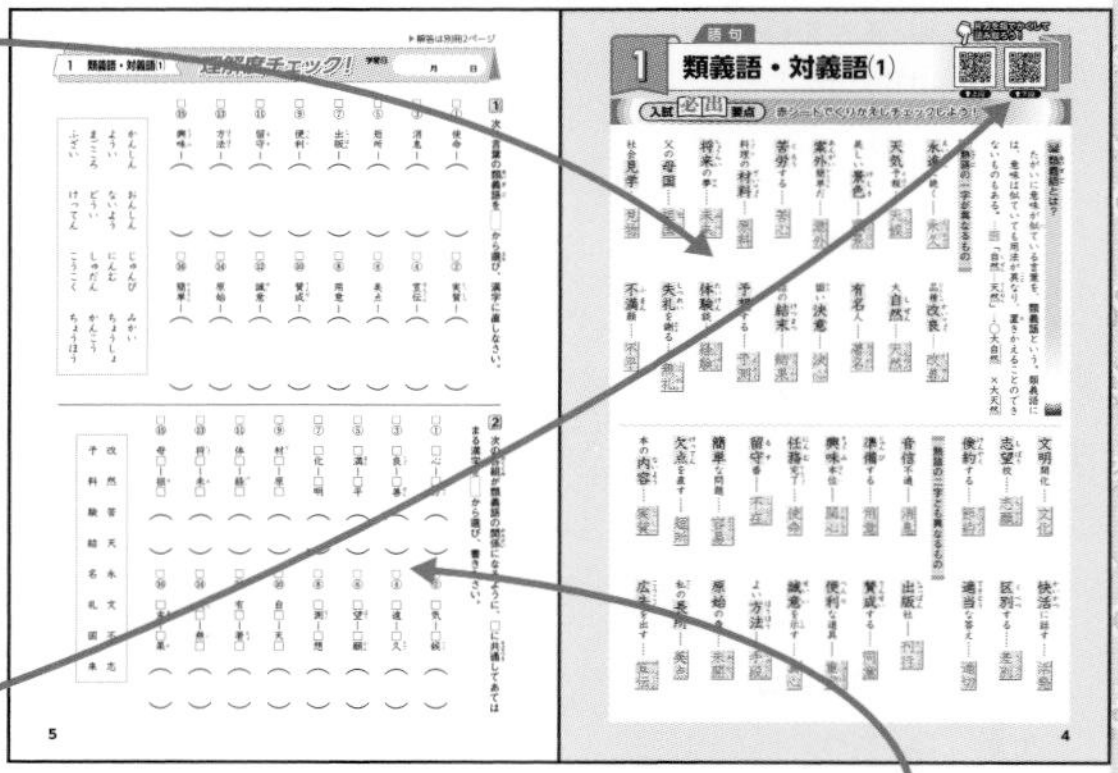

1 「入試必出《ひっしゅつ》要点」で全体像《ぜんたいぞう》をつかむ

中学受験のために，必《かなら》ずおさえておきたい要点を見やすくまとめてあります。赤シートで用語などをかくしてくり返し確認《かくにん》しましょう。ここに書いてある内容をしっかりおぼえることを目標《もくひょう》にしてください。

2 音声一問一答で確認＆暗記

「1．類義語《るいぎご》・対義語(1)」から「22．ことわざ・故事成語《こじせいご》(5)」は音声つきです。QRコードを読み取って，音声一問一答を聞きましょう。出題される問題は「入試必出要点」と同じ問題・同じ順《じゅん》ですから，テキストを見て漢字も確認しましょう。

3 「理解度《りかいど》チェック」を解《と》く

学習してきた内容が理解できているかどうか，問題を解いて確認しましょう。問題についているチェックらんを活用して，まちがえた問題は何度も復習《ふくしゅう》しましょう。

新学習法　「音声一問一答」の特長

①聞くだけで楽々学習できる
②すき間時間を有効に活用できる
③みんなでクイズ番組感覚《かんかく》で学べる
④すぐに答え合わせができる
⑤短時間に多くの問題をこなせる

4 学習スケジュール表を活用しよう

150，151ページの学習スケジュール表に学習計画と実際《じっさい》に学習した日を書きこみましょう。成績《せいせき》によって○△× を書いて，自分の弱点がどこにあるのかを見つけ，そこを重点的《じゅうてんてき》に復習しましょう。

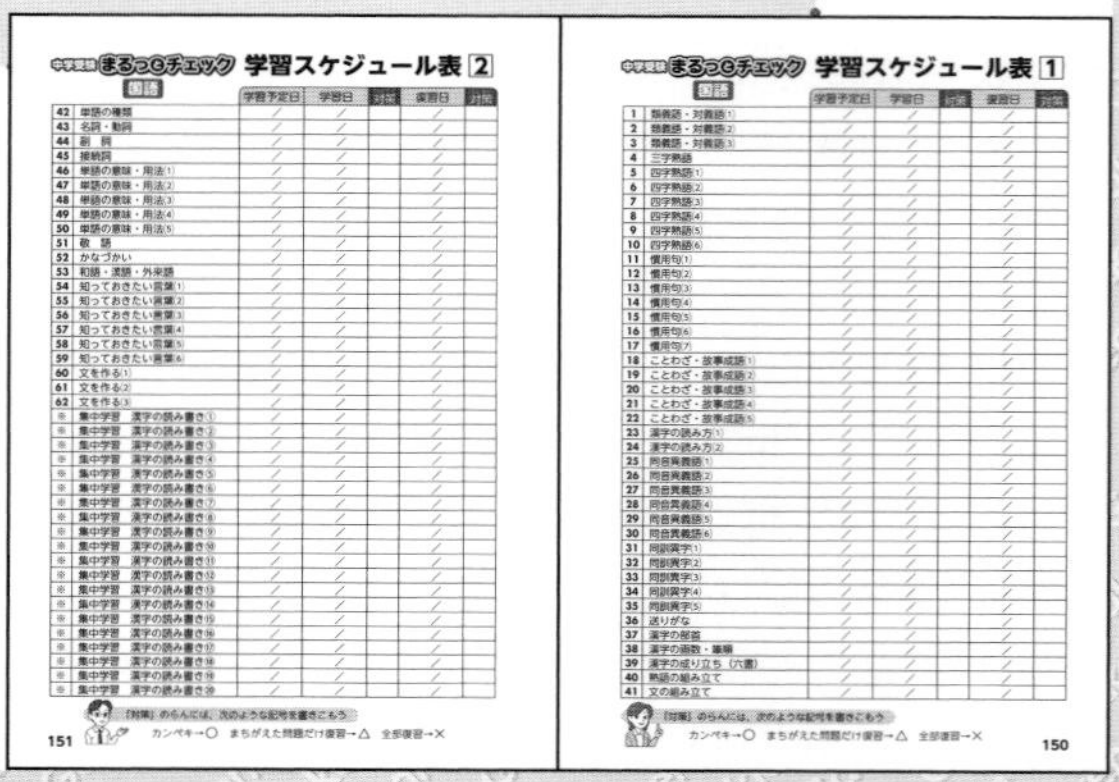

② 漢字の読み書きを集中学習でマスター

巻末《かんまつ》の集中学習では，漢字をテスト形式で確認していきます。漢字の読みと書きが10問ずつ，計20問のテストが20回あります。漢字は，中学受験では比較的《ひかくてき》点をとりやすい分野です。よく出題される問題を厳選《げんせん》してあるので，まちがえた問題はくり返し復習し，すべての問題を確実に解けるようにしましょう。

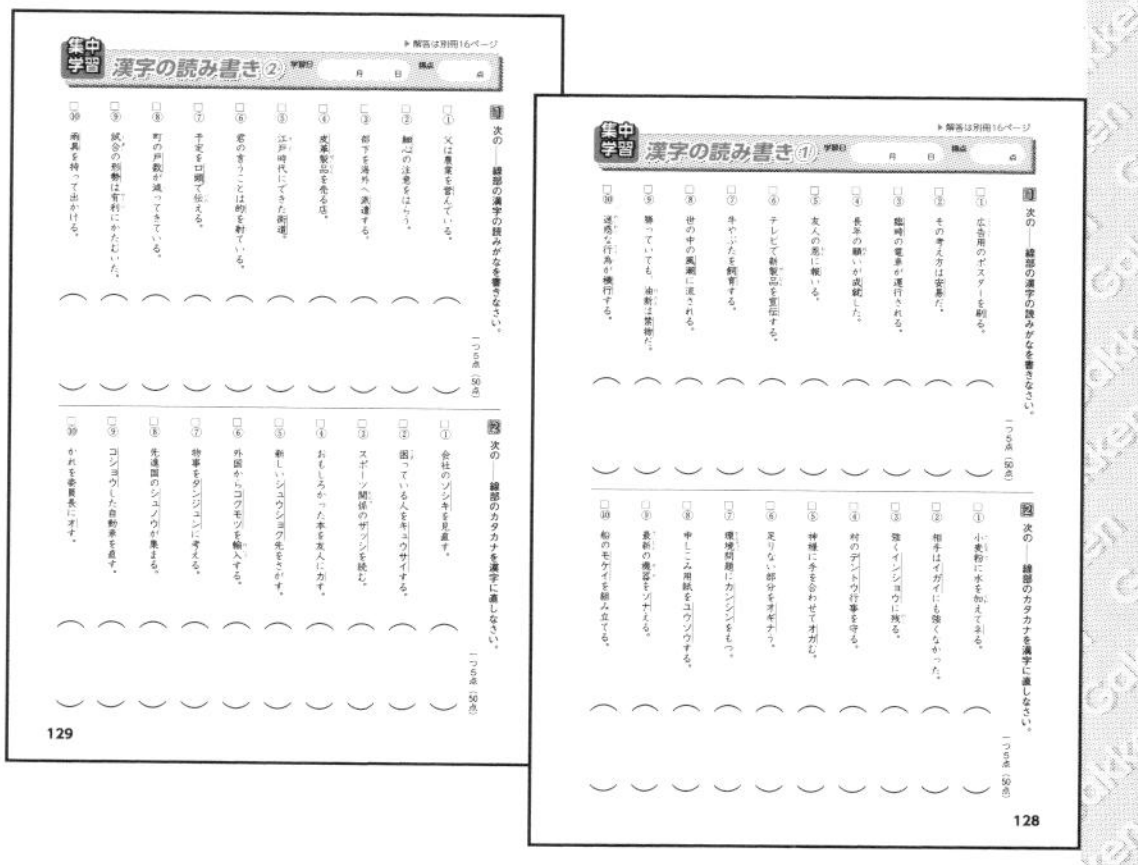

③ 音声一問一答の聞き方と学習の方法《ほうほう》

1 音声の聞き方

1～22までの項目《こうもく》に音声一問一答がついています。音声の聞き方には２通りあります。

①項目名の右にあるＱＲコードを読み取る

→直接《ちょくせつ》その項目の音声を聞くことができます。

②無料《むりょう》アプリを右のＱＲコードからダウンロードする

→スマホ上で項目を選《えら》ぶことができます。

※アプリは無料《むりょう》ですが，通信料《つうしんりょう》はお客様のご負担《ふたん》になります。

※「まるっとチェック」のほかの教科の音声も無料で聞くことができます。

スマホ専用《せんよう》アプリ
my-oto-mo（マイオトモ）

https://gakken-ep.jp/extra/myotomo

2 音声を使った効果的な学習法

音声一問一答は，「問題を解く」ためというよりも「くり返し聞いておぼえる」ための教材です。短時間で聞けるので，くり返し聞きましょう。はじめは答えられなくてもだいじょうぶ。何度も聞いて答えを考えることをくり返すと，次第に暗記量《りょう》がふえていきます。

①音声問題は，「入試必出要点」と同じです。テキストを見て，漢字も必《かなら》ず確認しましょう。

②「4．三字熟語《じゅくご》」から「22．ことわざ・故事成語⑸」では，答えの最初《さいしょ》のいくつかの音を示《しめ》してヒントとしています。このヒントを参考《さんこう》にして答えるようにしましょう。

国語 音声一問一答見本 ※以下のような問題とその解答が音声で流れます。

Q．【類義語】永遠《えいえん》（○カウントダウン）**永久《えいきゅう》**，改良《かいりょう》（♪カウントダウン）**改善《かいぜん》**

Q．【対義語】赤字（○カウントダウン）**黒字**，入場（♪カウントダウン）**退場《たいじょう》**

Q．【四字熟語】自分がしたことを，自分でほめること。じ。（♪カウントダウン）**自画自賛《じさん》**

Q．【慣用句《かんようく》】すっかりつかれる。くたびれる。あご。（♪カウントダウン）**あごを出す**

語句

1 類義語・対義語(1)

片方を指でかくして読み取ろう！

上段　下段

入試必出要点　赤シートでくりかえしチェックしよう！

類義語《るいぎご》とは？

たがいに意味が似《に》ている言葉を、**類義語**という。類義語には、意味は似ていても用法が異《こと》なり、置《お》きかえることのできないものもある。…例「自然《しぜん》―天然《てんねん》」→○大自然―×大天然

熟語《じゅくご》の一字が異なるもの

- 永遠《えいえん》に続く―永久《えいきゅう》
- 天気予報《よほう》―天候《てんこう》
- 美しい景色《けしき》―風景《ふうけい》
- 案外《あんがい》簡単《かんたん》だ―意外
- 苦労《くろう》する―苦心
- 料理《りょうり》の材料《ざいりょう》―原料
- 将来《しょうらい》の夢《ゆめ》―未来《みらい》
- 父の母国―祖国《そこく》
- 社会見学―見物
- 品種《ひんしゅ》改良《かいりょう》―改善《かいぜん》
- 大自然《しぜん》―天然《てんねん》
- 有名人―著名《ちょめい》
- 固《かた》い決意―決心
- 話の結末《けつまつ》―結果《けっか》
- 予想する―予測《よそく》
- 体験《たいけん》談―経験《けいけん》
- 失礼《しつれい》を謝《あやま》る―無礼《ぶれい》
- 不満《ふまん》顔―不平

- 文明開化―文化
- 快活《かいかつ》に話す―活発
- 志望《しぼう》校―志願《しがん》
- 区別《くべつ》する―差別《さべつ》
- 倹約《けんやく》する―節約《せつやく》
- 適当《てきとう》な答え―適切

熟語の二字とも異なるもの

- 音信不通―消息
- 出版《しゅっぱん》社―刊行《かんこう》
- 準備《じゅんび》する―用意
- 賛成《さんせい》する―同意
- 興味《きょうみ》本位《ほんい》―関心《かんしん》
- 便利《べんり》な道具―重宝《ちょうほう》
- 任務《にんむ》完了《かんりょう》―使命
- 誠意《せいい》を示《しめ》す―真心
- 留守《るす》番―不在《ふざい》
- よい方法《ほうほう》―手段《しゅだん》
- 簡単な問題―容易《ようい》
- 原始の森―未開《みかい》
- 欠点《けってん》を直す―短所
- 私《わたし》の長所―美点
- 本の内容《ないよう》―実質《じっしつ》
- 広告《こうこく》を出す―宣伝《せんでん》

▶解答は別冊2ページ

理解度チェック!

学習日　　月　　日

1 次の言葉の類義語《るいぎご》を□から選《えら》び、漢字に直しなさい。

□① 使命―（　　）
□② 実質《じっしつ》―（　　）
□③ 消息―（　　）
□④ 宣伝《せんでん》―（　　）
□⑤ 短所―（　　）
□⑥ 美点―（　　）
□⑦ 出版《しゅっぱん》―（　　）
□⑧ 用意―（　　）
□⑨ 便利《べんり》―（　　）
□⑩ 賛成《さんせい》―（　　）
□⑪ 留守《るす》―（　　）
□⑫ 誠意《せいい》―（　　）
□⑬ 方法《ほうほう》―（　　）
□⑭ 原始―（　　）
□⑮ 興味《きょうみ》―（　　）
□⑯ 簡単《かんたん》―（　　）

かんしん　おんしん　じゅんび　みかい
ようい　ないよう　にんむ　ちょうしょ
まごころ　どうい　しゅだん　かんこう
ふざい　けってん　こうこく　ちょうほう

2 次の各組《かくくみ》が類義語の関係《かんけい》になるように、□に共通《きょうつう》してあてはまる漢字を□から選び、書きなさい。

□① □心―□労《ろう》（　　）
□② □気―□候《こう》（　　）
□③ □良《りょう》―□善《ぜん》（　　）
□④ □遠―□久《きゅう》（　　）
□⑤ □満《まん》―□平（　　）
□⑥ □望《ぼう》―□願《がん》（　　）
□⑦ □化―□明（　　）
□⑧ □測《そく》―□想（　　）
□⑨ 材《ざい》□―原□（　　）
□⑩ 自□―天□（　　）
□⑪ 体□―経《けい》□（　　）
□⑫ 有□―著《ちょ》□（　　）
□⑬ 将《しょう》□―未《み》□（　　）
□⑭ 失《しっ》□―無《ぶ》□（　　）
□⑮ 母□―祖《そ》□（　　）
□⑯ □末《まつ》―□果《か》（　　）

改　然　苦　天　永　文　不　志
予　料　験　結　名　礼　国　来

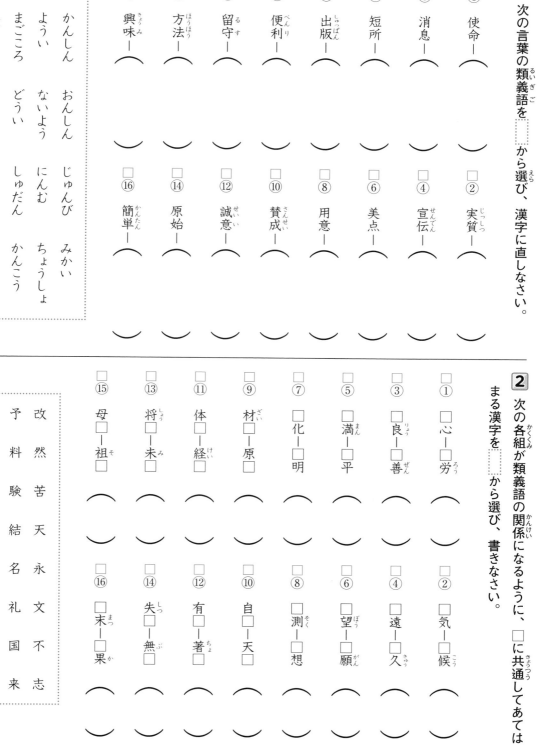

語句

2 類義語・対義語(2)

片方を指でかくして読み取ろう！

↑上段　↑下段

入試必出要点　赤シートでくりかえしチェックしよう！

対義語《たいぎご》とは?

たがいに意味が反対、または対《つい》の関係《かんけい》になっている言葉を、対義語という。

熟語《じゅくご》の一字が異《こと》なるもの

- 赤字になる ↕ 黒字
- 横断《おうだん》する ↕ 縦断《じゅうだん》
- 可決《かけつ》する ↕ 否決《ひけつ》
- 高価《こうか》な商品 ↕ 安価
- 客観《きゃっかん》的 ↕ 主観
- 偶然《ぐうぜん》に会う ↕ 必然《ひつぜん》
- 進化する ↕ 退化
- 西洋文化 ↕ 東洋
- 兄の長所 ↕ 短所
- 入場行進 ↕ 退場《たいじょう》
- 悪意がない ↕ 善意《ぜんい》
- 間接《かんせつ》的《てき》 ↕ 直接
- 重視《じゅうし》する ↕ 軽視
- 正常《せいじょう》に動く ↕ 異常《いじょう》
- 積極《せっきょく》的 ↕ 消極
- 楽観的 ↕ 悲観
- 欠点《けってん》がない ↕ 美点
- 開会式 ↕ 閉会《へいかい》
- 国の予算 ↕ 決算
- 返信する ↕ 往信《おうしん》
- 輸入《ゆにゅう》品 ↕ 輸出
- 点火する ↕ 消火

熟語の二字とも異なるもの

- 安全な方法《ほうほう》 ↕ 危険《きけん》
- 延長《えんちょう》する ↕ 短縮
- 勝利《しょうり》する ↕ 敗北《はいぼく》
- 国民の義務《ぎむ》 ↕ 権利《けんり》
- 感情《かんじょう》的 ↕ 理性《りせい》
- 試合《しあい》の結果《けっか》 ↕ 原因《げんいん》
- 人口増加《ぞうか》 ↕ 減少《げんしょう》
- 温暖《おんだん》な国 ↕ 寒冷《かんれい》
- 支出《ししゅつ》額《がく》 ↕ 収入《しゅうにゅう》
- 拡大《かくだい》する ↕ 縮小《しゅくしょう》
- 前進する ↕ 後退
- 消費《しょうひ》者 ↕ 生産《せいさん》
- 許可《きょか》する ↕ 禁止《きんし》
- 詩の内容《ないよう》 ↕ 形式
- 理想的 ↕ 現実《げんじつ》
- 物体の運動 ↕ 静止《せいし》
- 秘密《ひみつ》にする ↕ 公開
- 集合場所 ↕ 解散《かいさん》

▶解答は別冊2ページ

理解度チェック!

学習日　　月　　日

1 次の言葉の対義語《たいぎご》を□から選《えら》び、漢字に直しなさい。

□① 運動 ↔ (　　)
□② 前進 ↔ (　　)
□③ 原因《げんいん》 ↔ (　　)
□④ 収入《しゅうにゅう》 ↔ (　　)
□⑤ 公開 ↔ (　　)
□⑥ 敗北《はいぼく》 ↔ (　　)
□⑦ 現実《げんじつ》 ↔ (　　)
□⑧ 感情《かんじょう》 ↔ (　　)
□⑨ 生産《せいさん》 ↔ (　　)
□⑩ 縮小《しゅくしょう》 ↔ (　　)
□⑪ 温暖《おんだん》 ↔ (　　)
□⑫ 許可《きょか》 ↔ (　　)
□⑬ 集合 ↔ (　　)
□⑭ 義務《ぎむ》 ↔ (　　)
□⑮ 減少《げんしょう》 ↔ (　　)
□⑯ 延長《えんちょう》 ↔ (　　)

ぞうか	かいさん	ひみつ	たんしゅく
かんれい	きんし	けんり	こうたい
りせい	しょうり	ししゅつ	けっか
せいし	しょうひ	りそう	かくだい

2 次の各組《かくくみ》が対義語の関係《かんけい》になるように、□に共通《きょうつう》してあてはまる漢字を□から選び、書きなさい。

□① 欠《けつ》□ ↔ 美□ (　　)
□② 客□ ↔ 主□ (　　)
□③ 進□ ↔ 退《たい》□ (　　)
□④ 赤□ ↔ 黒□ (　　)
□⑤ 可《か》□ ↔ 否《ひ》□ (　　)
□⑥ 善《ぜん》□ ↔ 悪□ (　　)
□⑦ 偶《ぐう》□ ↔ 必《ひつ》□ (　　)
□⑧ 正□ ↔ 異《い》□ (　　)
□⑨ 直□ ↔ 間□ (　　)
□⑩ 重□ ↔ 軽□ (　　)
□⑪ 高□ ↔ 安□ (　　)
□⑫ 西□ ↔ 東□ (　　)
□⑬ 長□ ↔ 短□ (　　)
□⑭ 予□ ↔ 決□ (　　)
□⑮ 横□ ↔ 縦《じゅう》□ (　　)
□⑯ □入 ↔ □出 (　　)

価	輸	所	視	化	断	意	字
決	接	観	常	然	洋	点	算

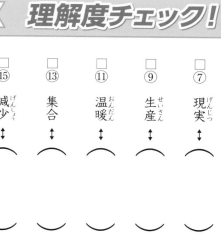

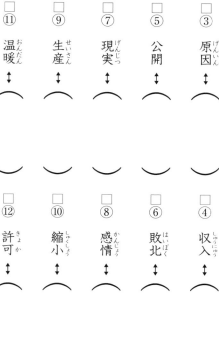

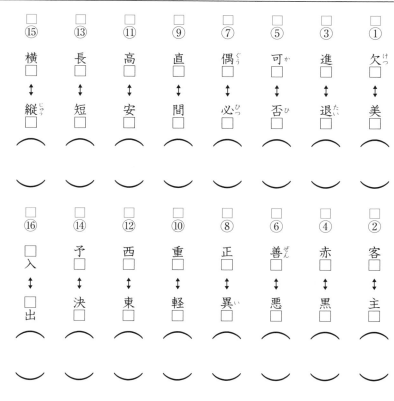

語句

3 類義語・対義語(3)

片方を指でかくして読み取ろう!

↑上段　↑下段

入試必出要点　赤シートでくりかえしチェックしよう!

ハイレベルの類義語《るいぎご》

野心をいだく ― 野望《やぼう》

政治改革《かいかく》 ― 革新

帰郷《ききょう》する ― 帰省《きせい》

信頼《しんらい》できる人 ― 信用

達成《たっせい》する ― 成就《じょうじゅ》

大きな誤解《ごかい》 ― 曲解

不足する ― 欠乏《けつぼう》

進退《しんたい》を決める ― 去就《きょしゅう》

向上心 ― 進歩・発展《はってん》

意見に納得《なっとく》する ― 承知《しょうち》・合点《がってん》・了解《りょうかい》

努力《どりょく》家 ― 勤勉《きんべん》

辞職《じしょく》する ― 辞任《じにん》

母を看護《かんご》する ― 看病

休憩《きゅうけい》する ― 休息

利害《りがい》関係《かんけい》 ― 損得《そんとく》

作品は不評《ふひょう》だ ― 悪評

我慢《がまん》する ― 忍耐《にんたい》

素直《すなお》な人 ― 従順《じゅうじゅん》

感心する ― 敬服《けいふく》・感服

ハイレベルの対義語

困難《こんなん》な仕事 ↕ 容易《ようい》

ビルの建設《けんせつ》 ↕ 破壊《はかい》

浪費《ろうひ》する ↕ 節約《せつやく》

無益《むえき》な争《あらそ》い ↕ 有益

円満《えんまん》な家庭 ↕ 不和

栄養《えいよう》が豊富《ほうふ》だ ↕ 欠乏《けつぼう》

王に服従する ↕ 反抗《はんこう》

慢性《まんせい》の病気 ↕ 急性

平凡《へいぼん》な人 ↕ 非凡《ひぼん》

精神《せいしん》的 ↕ 肉体・物質《ぶっしつ》

民主《みんしゅ》主義《しゅぎ》 ↕ 専制《せんせい》・独裁《どくさい》

保守《ほしゅ》政党《せいとう》 ↕ 革新

原則《げんそく》に従《したが》う ↕ 例外《れいがい》

個人《こじん》的《てき》な関心《かんしん》 ↕ 社会

強健《きょうけん》な体 ↕ 病弱

過失《かしつ》の事故《じこ》 ↕ 故意

分解《ぶんかい》する ↕ 合成《ごうせい》

被告《ひこく》の弁護《べんご》人 ↕ 原告

地味な服装《ふくそう》 ↕ 派手《はで》

人口が集中する ↕ 分散《ぶんさん》

希望《きぼう》する ↕ 絶望《ぜつぼう》・失望

店の利益《りえき》 ↕ 損失・損害《そんがい》

▶解答は別冊2ページ

理解度チェック!

学習日　　月　　日

1 次の各組《かくくみ》が類義語《るいぎご》の関係《かんけい》になるように、□にあてはまる漢字一字を書きなさい。

□①不評《ふひょう》―□評（　　）　□②曲解《きょっかい》―□解（　　）
□③野心―野□（　　）　□④辞任《じにん》―辞□（　　）
□⑤看護《かんご》―看□（　　）　□⑥帰省《きせい》―帰□（　　）
□⑦信頼《しんらい》―信□（　　）　□⑧休憩《きゅうけい》―休□（　　）

2 次の言葉の類義語を□から選《えら》び、漢字に直しなさい。

□①向上―（　　）　□②敬服《けいふく》―（　　）
□③勤勉《きんべん》―（　　）　□④損得《そんとく》―（　　）
□⑤従順《じゅうじゅん》―（　　）　□⑥欠乏《けつぼう》―（　　）
□⑦成就《じょうじゅ》―（　　）　□⑧去就《きょしゅう》―（　　）

ふそく　たっせい　かんしん　しんたい
りがい　しんぽ　どりょく　すなお

3 次の各組が対義語の関係になるように、□にあてはまる漢字一字を書きなさい。

□①被告《ひこく》↔□告（　　）　□②無益《むえき》↔□益（　　）
□③非凡《ひぼん》↔□凡（　　）　□④慢性《まんせい》↔□性（　　）

4 次の言葉の対義語を□から選び、漢字に直しなさい。

□①保守《ほしゅ》↔（　　）　□②破壊《はかい》↔（　　）
□③集中↔（　　）　□④専制《せんせい》↔（　　）
□⑤原則《げんそく》↔（　　）　□⑥浪費《ろうひ》↔（　　）
□⑦故意《こい》↔（　　）　□⑧円満《えんまん》↔（　　）
□⑨反抗《はんこう》↔（　　）　□⑩欠乏《けつぼう》↔（　　）

れいがい　ぶんさん　ほうふ　ふわ
かくしん　せつやく　かしつ　ふくじゅう
けんせつ　みんしゅ

4 三字熟語

入試必出要点 赤シートでくりかえしチェックしよう！

〈読み方〉

青二才 あおにさい
意味 年が若《わか》くて未熟《みじゅく》な男の人。

一目散 いちもくさん
意味 わき目もふらずに、急いで走り去る様子。

有頂天 うちょうてん
意味 喜《よろこ》びで、夢中《むちゅう》になっている様子。

間一髪 かんいっぱつ
意味 非常《ひじょう》にあやうい様子。きわめてさしせまっている様子。

几帳面 きちょうめん
意味 まじめで、きちんとしていること。

金字塔 きんじとう
意味 後世に残《のこ》るような、すぐれた仕事や業績《ぎょうせき》。

紅一点 こういってん
意味 多くの男性《だんせい》の中の、一人の女性。

試金石 しきんせき
意味 物の値打《ねう》ちや人の才能《さいのう》を判定《はんてい》する材料《ざいりょう》や機会《きかい》。

正念場 しょうねんば
意味 きわめて大事な場面。

真骨頂 しんこっちょう
意味 本来もっている、すぐれた能力《のうりょく》。

大黒柱 だいこくばしら
意味 家などの中心で、たよりになる人。

高飛車 たかびしゃ
意味 頭ごなしにおさえつける態度《たいど》。

不世出 ふせいしゅつ
意味 めったに世の中に現《あらわ》れないほど、すぐれていること。

門外漢 もんがいかん
意味 そのことを専門《せんもん》としない人。

▶解答は別冊2ページ

理解度チェック！

学習日　　月　　日

1 次の□には、色を表す漢字があてはまります。その漢字を書き、下の意味の三字熟語《じゅくご》を完成《かんせい》させなさい。

□① □一点《いってん》〔多くの男性《だんせい》の中の、一人の女性。〕（　　）

□② □二才《にさい》〔年が若《わか》くて未熟《みじゅく》な男の人。〕（　　）

□③ 大《だい》□柱《ばしら》〔家などの中心で、たよりになる人。〕（　　）

□④ □字塔《じとう》〔後世に残《のこ》るような、すぐれた仕事や業績《ぎょうせき》。〕（　　）

2 次の□にあてはまる漢字一字ずつを順《じゅん》に書き、下の意味の三字熟語を完成させなさい。

□① 有□□〔喜《よろこ》びで、夢中《むちゅう》になっている様子。〕（　　）・（　　）

□② 几《き》□□〔まじめで、きちんとしていること。〕（　　）・（　　）

□③ □□髪《ぱつ》〔非常《ひじょう》にあやうい様子。きわめてさしせまっている様子。〕（　　）・（　　）

3 次の――線部の三字熟語の意味を後から選《えら》び、記号で答えなさい。

□① ねこは、犬を見ると一目散《いちもくさん》ににげた。（　　）

□② この件《けん》については門外漢《もんがいかん》なので、何も言えない。（　　）

□③ あの選手《せんしゅ》は不世出《ふせいしゅつ》の大投手と言われている。（　　）

□④ あの人の高飛車《たかびしゃ》なふるまいにいかりを感じる。（　　）

□⑤ 次の試合《しあい》がこのチームの試金石《しきんせき》となるだろう。（　　）

□⑥ ダムの工事は、ここから先が正念場《しょうねんば》だ。（　　）

□⑦ ゴール前でのすばやい動きが、かれの真骨頂《しんこっちょう》だ。（　　）

ア きわめて大事な場面。
イ 頭ごなしにおさえつける態度《たいど》。
ウ そのことを専門《せんもん》としない人。
エ 本来もっている、すぐれた能力《のうりょく》。
オ わき目もふらずに、急いで走り去る様子。
カ めったに世の中に現《あらわ》れないほど、すぐれていること。
キ 物の値打《ねう》ちや人の才能を判定《はんてい》する材料《ざいりょう》や機会《きかい》。

5 四字熟語(1)

入試必出要点　赤シートでくりかえしチェックしよう！

〈読み方〉

暗中模索　あんちゅうもさく
意味 手がかりもないまま、いろいろとやってみること。

意気消沈　いきしょうちん
意味 うまくいかなくて、がっかりして元気をなくすこと。

意気投合　いきとうごう
意味 おたがいの気持ちや考えがぴったりと合うこと。

異口同音　いくどうおん
意味 多くの人が口をそろえて、同じようなことを言うこと。

以心伝心　いしんでんしん
意味 言葉に出さなくても、気持ちや考えが通じ合うこと。

一意専心　いちいせんしん
意味 よけいなことを考えずに、一つのことに集中すること。

一期一会　いちごいちえ
意味 一生の間に、ただ一度だけ出会うこと。(出会いを大切にしなさいという教えがこめられている。)

一日千秋　いちじつせんしゅう
意味 非常《ひじょう》に待ち遠しいこと。待ちこがれること。

一部始終　いちぶしじゅう
意味 物事の始まりから終わりまで。事がらのすべて。

一喜一憂　いっきいちゆう
意味 様子が変《か》わるたびに、喜《よろこ》んだり悲しんだりすること。

一進一退　いっしんいったい
意味 よくなったり悪くなったりすること。進んだり後退したりすること。

一心同体　いっしんどうたい
意味 何人かの人の心が、ぴったりと合うこと。

一石二鳥　いっせきにちょう
意味 一つのことをして、別《べつ》のもう一つもうまくいくこと。

一朝一夕　いっちょういっせき
意味 ほんのちょっとの時間。わずかな間。

▶解答は別冊2ページ

理解度チェック!

学習日　　月　　日

1 次の文は、それぞれ「一□一□」という形の四字熟語《じゅくご》の意味を表しています。□にあてはまる漢字を□から選《えら》び、順《じゅん》に書きなさい。

□①よくなったり悪くなったりすること。（　　）・（　　）

□②ほんのちょっとの時間。（　　）・（　　）

□③一生の間に、ただ一度だけ会うこと。（　　）・（　　）

□④様子が変《か》わるたびに、喜《よろこ》んだり悲しんだりすること。（　　）・（　　）

会《え》　喜《き》　朝　進　憂《ゆう》　夕《せき》　退《たい》　期《ご》

2 次の□にあてはまるものを□から選んで漢字に直し、四字熟語を完成《かんせい》させなさい。

□①□同体（　　）

□②□二鳥《にちょう》（　　）

□③□模索《もさく》（　　）

□④□消沈《しょうちん》（　　）

いき　あんちゅう　いっしん　いっせき

3 次の文の□には、四字熟語があてはまります。最《もっと》も適当《てきとう》なものを□から選び、漢字に直しなさい。

□①初対面《しょたいめん》のかれとぼくは、野球の話ですっかり□した。（　　）

□②かれとは幼《おさな》なじみの親友で、いまや□の間がらだ。（　　）

□③友人の無事《ぶじ》を願《ねが》い、知らせを□の思いで待つ。（　　）

□④犯人《はんにん》は、罪《つみ》をくやんで、事件《じけん》の□を白状《はくじょう》した。（　　）

□⑤私《わたし》の提案《ていあん》を聞いて、みんな□に賛成《さんせい》してくれた。（　　）

□⑥これからは、□、受験《じゅけん》に向けてがんばろうと思う。（　　）

いちぶしじゅう　いくどうおん　いしんでんしん　いちいせんしん　いきとうごう　いちじつせんしゅう

6 四字熟語(2)

入試必出要点 赤シートでくりかえしチェックしよう！

〈読み方〉

一長一短 いっちょういったん
意味 よいところもあるが、悪いところもあるということ。

意味深長 いみしんちょう
意味 言葉の裏《うら》に、深い意味がかくされていること。

因果応報 いんがおうほう
意味 行いの善悪《ぜんあく》に応《おう》じて、必《かなら》ずその報《むく》いがあるということ。

右往左往 うおうさおう
意味 どうしていいかわからず、あわててうろたえること。

雲散霧消 うんさんむしょう
意味 （雲や霧《きり》が消えるように、）あとかたもなく消えてなくなること。

栄枯盛衰 えいこせいすい
意味 勢《いきお》いが盛《さか》んになったり、おとろえたりすること。

我田引水 がでんいんすい
意味 自分に都合よく、言ったり行動したりすること。

危機一髪 ききいっぱつ
意味 ぎりぎりのところまで、危険《きけん》がせまっていること。

起死回生 きしかいせい
意味 もうだめだという状態《じょうたい》からもり返して、よい状態になること。

疑心暗鬼 ぎしんあんき
意味 何でもないことまで疑《うたが》って、不安《ふあん》になること。

奇想天外 きそうてんがい
意味 ふつうでは思いつかないような変《か》わったこと。

喜怒哀楽 きどあいらく
意味 喜《よろこ》び、いかり、悲しみ、楽しさなどの人間の感情《かんじょう》。

急転直下 きゅうてんちょっか
意味 様子や事情が急に変わって、解決《かいけつ》に向かうこと。

空前絶後 くうぜんぜつご
意味 今までにも例《れい》がなく、これからもないだろうと思われるほどすごいこと。

▶解答は別冊2ページ

6　四字熟語(2)　理解度チェック！

学習日　　月　　日

1 次の□には、反対、または対《つい》の意味の漢字があてはまります。それぞれ順《じゅん》に書き、四字熟語《じゅくご》を完成《かんせい》させなさい。

□ ① 空□絶《ぜつ》□　（　）・（　）

□ ② □往《おう》□往　（　）・（　）

□ ③ 起□回□　（　）・（　）

2 次の□にあてはまる漢字をそれぞれ順に書き、下の意味の四字熟語を完成させなさい。

□ ① 奇《き》□天□〔ふつうでは思いつかないような変《か》わったこと。〕　（　）・（　）

□ ② 疑《ぎ》□□鬼《き》〔何でもないことまで疑《うたが》って、不安《ふあん》になること。〕　（　）・（　）

□ ③ 雲□霧《む》□〔あとかたもなく消えてなくなること。〕　（　）・（　）

□ ④ 我田《がでん》□□〔自分に都合よく、言ったり行動したりすること。〕　（　）・（　）

3 次の□にあてはまる漢字を（　）に書き、四字熟語を完成させなさい。また、その意味を後から選《えら》び、□に記号で答えなさい。

□ ① 一□一短　（　）・□

□ ② 意味深□　（　）・□

□ ③ 因《いん》□応報《おうほう》　（　）・□

□ ④ □枯《こ》盛衰《せいすい》　（　）・□

□ ⑤ 急□直下　（　）・□

□ ⑥ □怒《ど》哀楽《あいらく》　（　）・□

□ ⑦ 危《き》機《き》□髪《ぱつ》　（　）・□

ア　行いの善悪《ぜんあく》に応《おう》じて、必《かなら》ずその報《むく》いがあるということ。
イ　ぎりぎりのところまで、危険《きけん》がせまっていること。
ウ　よいところもあるが、悪いところもあるということ。
エ　様子や事情《じじょう》が急に変わって、解決《かいけつ》に向かうこと。
オ　喜《よろこ》び、いかり、悲しみ、楽しさなどの人間の感情《かんじょう》。
カ　勢《いきお》いが盛《さか》んになったり、おとろえたりすること。
キ　言葉の裏《うら》に、深い意味がかくされていること。

7 四字熟語(3)

入試必出要点　赤シートでくりかえしチェックしよう！

〈読み方〉

空理空論　くうりくうろん
意味　実際《じっさい》とはかけはなれた、役に立ちそうもない理論《りろん》。

公平無私　こうへいむし
意味　自分の都合や欲《よく》にとらわれずに、人を平等にあつかうこと。

公明正大　こうめいせいだい
意味　公平でやましいところがなく、堂々《どうどう》としている様子。

古今東西　ここんとうざい
意味　昔から今までの、世界のあらゆる場所で。

五里霧中　ごりむちゅう
意味　何の手がかりもなく、見通しが立たなくて困《こま》ること。

言語道断　ごんごどうだん
意味　あきれて、言葉に言い表せないくらいひどいこと。

再三再四　さいさんさいし
意味　何度も何度も。くり返し。たびたび。

才色兼備　さいしょくけんび
意味　（女性《じょせい》で、）才能《さいのう》と美しい顔だちの両方を備《そな》えていること。

三寒四温　さんかんしおん
意味　冬に、寒い日と暖《あたた》かい日が数日ずつくり返されること。

賛否両論　さんぴりょうろん
意味　賛成《さんせい》と反対の、対立する二つの意見があること。

自画自賛　じがじさん
意味　自分がしたことを、自分でほめること。

自給自足　じきゅうじそく
意味　生活に必要《ひつよう》なものを自分で生産《せいさん》し、間に合わせること。

四苦八苦　しくはっく
意味　思うようにならずに、非常《ひじょう》に苦労《くろう》すること。

自業自得　じごうじとく
意味　自分の悪い行いのせいで、自分の身にわざわいがふりかかること。

▶解答は別冊3ページ

7 四字熟語(3) 理解度チェック!

学習日 月 日

1 次の文は、それぞれ「自□自□」という形の四字熟語《じゅくご》の意味を表しています。□にあてはまる漢字を順《じゅん》に書きなさい。

□① 自分がしたことを、自分でほめること。（　）・（　）

□② 生活に必要《ひつよう》なものを自分で生産《せいさん》し、間に合わせること。（　）・（　）

□③ 自分の悪い行いのせいで、自分の身にわざわいがふりかかること。（　）・（　）

2 次の□にあてはまるものを□から選《えら》んで漢字に直し、四字熟語を完成《かんせい》させなさい。

□① □霧中《むちゅう》（　）

□② □兼備《けんび》（　）

□③ 公明□（　）

□④ 賛否《さんぴ》□（　）

□⑤ 公平□（　）

むし　りょうろん　せいだい
ごり　さいしょく

3 次の文は、四字熟語の意味を表しています。合う四字熟語を□から選び、漢字に直しなさい。

□① 何度も何度も。くり返し。たびたび。（　）

□② 昔から今までの、世界のあらゆる場所で。（　）

□③ 思うようにならずに、非常《ひじょう》に苦労《くろう》すること。（　）

□④ 冬に、寒い日と暖《あたた》かい日が数日ずつくり返されること。（　）

□⑤ あきれて、言葉に言い表せないくらいひどいこと。（　）

□⑥ 実際《じっさい》とはかけはなれた、役に立ちそうもない理論《りろん》。（　）

しくはっく　くうりくうろん　ここんとうざい
さいさんさいし　さんかんしおん　ごんごどうだん

8 四字熟語(4)

入試必出要点　赤シートでくりかえしチェックしよう！

〈読み方〉

時代錯誤　じだいさくご
意味　考えややり方が今の時代に合わないこと。時代おくれ。

七転八起　しちてんはっき
意味　何度失敗《しっぱい》しても、くじけないで立ち上がること。

自暴自棄　じぼうじき
意味　自分の思いどおりにならないので、どうでもいいと投げやりになること。

弱肉強食　じゃくにくきょうしょく
意味　強い者が弱い者に勝って、えじきにすること。

終始一貫　しゅうしいっかん
意味　始まりから終わりまで、変《か》わらずに通すこと。

十人十色　じゅうにんといろ
意味　考え方や好《この》みが、人それぞれにちがうこと。

四六時中　しろくじちゅう
意味　一日じゅう。いつも。常《つね》に。

心機一転　しんきいってん
意味　何かをきっかけにして、気持ちを切りかえること。

針小棒大　しんしょうぼうだい
意味　ちょっとしたことなのに、大げさに言うこと。

晴耕雨読　せいこううどく
意味　仕事につかず、のんびりと自由気ままに生活すること。

誠心誠意　せいしんせいい
意味　まごころをもって、物事を行うこと。

青天白日　せいてんはくじつ
意味　心にやましさや後ろめたさがないこと。また、無実《むじつ》が明らかになること。

絶体絶命　ぜったいぜつめい
意味　追いつめられて、どうにもならないような、せっぱつまった状態《じょうたい》にあること。

千載一遇　せんざいいちぐう
意味　めったにない、よい機会《きかい》であること。

▶解答は別冊3ページ

1 次の□には、反対、または対《つい》の意味の漢字があてはまります。それぞれ順《じゅん》に書き、四字熟語《じゅくご》を完成《かんせい》させなさい。

□① □耕《こう》□読　（　）・（　）

□② □肉□食　（　）・（　）

□③ 針《しん》□棒《ぼう》□　（　）・（　）

2 次の□にあてはまる漢数字をそれぞれ順に書き、下の意味の四字熟語を完成させなさい。

□① □人□色〔考え方や好《この》みが、人それぞれにちがうこと。〕　（　）・（　）

□② □載《ざい》□遇《ぐう》〔めったにない、よい機会《きかい》であること。〕　（　）・（　）

□③ □転□起〔何度失敗《しっぱい》しても、くじけないで立ち上がること。〕　（　）・（　）

□④ □□時中〔一日じゅう。いつも。常《つね》に。〕　（　）・（　）

3 次の□に共通《きょうつう》してあてはまる漢字を書き、四字熟語を完成させなさい。

□① □体□命　（　）

□② □暴《ぼう》□棄《き》　（　）

4 次の□にあてはまる漢字を（　）に書き、四字熟語を完成させなさい。また、その意味を後から選《えら》び、□に記号で答えなさい。

□① 心□一転　（　）・□

□② 誠《せい》心《しん》誠□　（　）・□

□③ 終始□貫《かん》　（　）・□

□④ □天白日　（　）・□

□⑤ 時代錯《さく》□　（　）・□

ア　始まりから終わりまで、変《か》わらずに通すこと。

イ　考え方ややり方が今の時代に合わないこと。時代おくれ。

ウ　まごころをもって、物事を行うこと。

エ　何かをきっかけにして、気持ちを切りかえること。

オ　心にやましさや後ろめたさがないこと。また、無実《むじつ》が明らかになること。

9 四字熟語(5)

入試必出要点　赤シートでくりかえしチェックしよう！

〈読み方〉

千差万別　せんさばんべつ
意味 多くのものがあって、それぞれにちがっていること。

前代未聞　ぜんだいみもん
意味 これまでに一度も聞いたことがないような、とてもめずらしいこと。

大器晩成　たいきばんせい
意味 すぐれた人物は、できあがるまでに時間がかかるということ。

大胆不敵　だいたんふてき
意味 度胸《どきょう》があって、何もおそれないこと。

大同小異　だいどうしょうい
意味 少しのちがいはあるが、大差《たいさ》はなく、ほとんど同じであること。

多種多様　たしゅたよう
意味 形や性質《せいしつ》などのちがうものが、数多くあること。

単刀直入　たんとうちょくにゅう
意味 遠回しに言わないで、いきなりだいじな話に入ること。

朝令暮改　ちょうれいぼかい
意味 命令《めいれい》などがたびたび変《か》わり、定まらないこと。

適材適所　てきざいてきしょ
意味 能力《のうりょく》に合った仕事や役目をあたえること。

電光石火　でんこうせっか
意味 動作や行動などが、非常《ひじょう》にすばやいこと。

東奔西走　とうほんせいそう
意味 ある目的《もくてき》のために、あちらこちらといそがしくかけ回ること。

二束三文　にそくさんもん
意味 値段《ねだん》が安いこと。値打ちが低《ひく》いこと。

日進月歩　にっしんげっぽ
意味 学問や技術《ぎじゅつ》などが、たえず進歩し、発展《はってん》していくこと。

▶解答は別冊3ページ

理解度チェック!

学習日 月 日

1 次の□に共通《きょうつう》してあてはまる漢字を書き、四字熟語《じゅくご》を完成《かんせい》させなさい。

□① □種《しゅ》□様 （　　）

□② □材《ざい》□所 （　　）

2 次の□にあてはまる漢数字をそれぞれ順《じゅん》に書き、四字熟語を完成させなさい。

□① □束《そく》□文 （　　）・（　　）

□② □差《さ》□別《べつ》 （　　）・（　　）

3 次の□にあてはまる漢字をそれぞれ順に書き、下の意味の四字熟語を完成させなさい。

□① 大□小□〔少しのちがいはあるが、大差《たいさ》はなく、ほとんど同じであること。〕 （　　）・（　　）

□② □奔《ほん》□走〔ある目的《もくてき》のために、あちらこちらといそがしくかけ回ること。〕 （　　）・（　　）

□③ □進□歩〔学問や技術《ぎじゅつ》などが、たえず進歩し、発展《はってん》していくこと。〕 （　　）・（　　）

4 次の□にあてはまる漢字を（　）に書き、また、その意味を後から選《えら》び、□に記号で答えなさい。

□① 前代□聞《もん》 （　　）・□

□② 大胆《だいたん》□敵《てき》 （　　）・□

□③ 朝□暮《ぼ》改《かい》 （　　）・□

□④ □器《き》晩成《ばんせい》 （　　）・□

□⑤ 電光石□ （　　）・□

□⑥ □刀直入 （　　）・□

ア 度胸《どきょう》があって、何もおそれないこと。

イ 動作や行動などが、非常《ひじょう》にすばやいこと。

ウ 遠回しに言わないで、いきなりだいじな話に入ること。

エ 命令《めいれい》などがたびたび変《か》わり、定まらないこと。

オ すぐれた人物は、できあがるまでに時間がかかるということ。

カ これまでに一度も聞いたことがないような、とてもめずらしいこと。

語句

10 四字熟語(6)

入試必出要点　赤シートでくりかえしチェックしよう！

〈読み方〉

馬耳東風　ばじとうふう
意味　人の言うことを、少しも気にかけないこと。

八方美人　はっぽうびじん
意味　だれからも好《す》かれようとして、うまく立ち回る人。

半信半疑　はんしんはんぎ
意味　人の言うことなどを、完全《かんぜん》には信《しん》じられないこと。

不言実行　ふげんじっこう
意味　やるべきことを、何も言わずに実行すること。

不眠不休　ふみんふきゅう
意味　ねむらず、休まずに、何かをやり続《つづ》けること。

付和雷同　ふわらいどう
意味　自分の考えがなく、ただ他人の言うことに調子を合わせてしまうこと。

傍若無人　ぼうじゃくぶじん
意味　人目を気にせず、勝手気ままにふるまうこと。

本末転倒　ほんまつてんとう
意味　大切なこととささいなことを、取りちがえること。

無我夢中　むがむちゅう
意味　あることに熱中《ねっちゅう》して、ほかのことを考えられなくなること。

有名無実　ゆうめいむじつ
意味　名前は知られているが、実質《じっしつ》がないこと。見かけだおしなこと。

用意周到　よういしゅうとう
意味　用意がしっかりできていて、手ぬかりがないこと。

立身出世　りっしんしゅっせ
意味　世の中に出て高い地位《ちい》につき、名をあげること。

臨機応変　りんきおうへん
意味　その場その時の変化《へんか》に応《おう》じて、適切《てきせつ》な方法《ほうほう》をとること。

老若男女　ろうにゃくなんにょ
意味　年齢《ねんれい》や性別《せいべつ》に関係《かんけい》なく、すべての人。

▶解答は別冊3ページ

10 四字熟語(6) 理解度チェック!

学習日 月 日

1 次の□に共通《きょうつう》してあてはまる漢字を書き、四字熟語《じゅくご》を完成《かんせい》させなさい。

□① □信《しん》□疑《ぎ》 （ ）

□② □眠《みん》□休 （ ）

2 次の四字熟語の読み方を（ ）に書きなさい。また、その意味を後から選《えら》び、□に記号で答えなさい。

□① 馬耳東風 （ ）・□

□② 八方美人 （ ）・□

□③ 有名無実 （ ）・□

□④ 傍若無人 （ ）・□

□⑤ 老若男女 （ ）・□

ア 人目を気にせず、勝手気ままにふるまうこと。

イ だれからも好《す》かれようとして、うまく立ち回る人。

ウ 年齢《ねんれい》や性別《せいべつ》に関係《かんけい》なく、すべての人。

エ 人の言うことを、少しも気にかけないこと。

オ 名前は知られているが、実質《じっしつ》がないこと。見かけだおしなこと。

3 次の□にあてはまる漢字をそれぞれ順《じゅん》に書き、下の意味の四字熟語を完成させなさい。

□① □末《まつ》□倒《とう》〔大切なこととささいなことを、取りちがえること。〕 （ ）・（ ）

□② 立□出□〔世の中に出て高い地位《ちい》につき、名をあげること。〕 （ ）・（ ）

□③ □機《き》□変《へん》〔その場その時の変化《へんか》に応《おう》じて、適切《てきせつ》な方法《ほうほう》をとること。〕 （ ）・（ ）

□④ □□実行〔やるべきことを、何も言わずに実行すること。〕 （ ）・（ ）

□⑤ 用□□到《とう》〔用意がしっかりできていて、手ぬかりがないこと。〕 （ ）・（ ）

4 次の四字熟語には、漢字のまちがいが一字ずつあります。その字に×をつけて、（ ）に正しい漢字を書きなさい。

□① 無我無中《むがむちゅう》 → （ ）

□② 不和雷同《ふわらいどう》 → （ ）

語句

11 慣用句(1)

入試必出要点　赤シートでくりかえしチェックしよう！

慣用句《かんようく》とは？

二つ以上《いじょう》の言葉が結《むす》びついて、元の意味をはなれ、ある決まった意味で使われる言葉を、**慣用句**という。

青菜《あおな》に塩《しお》
意味 急に元気がなくなり、しょんぼりする様子。

あごで使う
意味 いばった態度《たいど》で、思いのままに人を使う。

あごを出す
意味 すっかりつかれる。くたびれる。

足が地に着かない
意味 興奮《こうふん》などのために、気持ちや行動が落ち着かない。

足が出る
意味 予定以上《いじょう》にお金がかかってしまって、赤字になる。

足が棒《ぼう》になる
意味 長い時間、歩いたり立っていたりしてつかれ、足がこわばる。

足元を見る
意味 相手の弱点を見ぬく。弱みにつけこむ。

足を引っぱる
意味 人の前進や成功《せいこう》のじゃまをする。

油を売る
意味 仕事中に、むだ話をしたり勝手なことをしたりして、なまける。

息をのむ
意味 おどろいて、はっとする。

板につく
意味 動作や身なりが、その人の仕事や役割《やくわり》に似合《にあ》ってくる。

一目《いちもく》置《お》く
意味 相手の能力《のうりょく》などがすぐれていることを認《みと》めて、敬意《けいい》をはらう。

腕《うで》が鳴る
意味 自分の才能や力を見せたくて、むずむずする。

▶解答は別冊3ページ

理解度チェック！

学習日　月　日

1 次の□にあてはまる漢字一字を書き、下の意味の慣用句《かんようく》を完《かん》成《せい》させなさい。

□① □をのむ〔おどろいて、はっとする。〕（　）
□② 青菜《あおな》に□〔急に元気がなくなり、しょんぼりする様子。〕（　）
□③ □につく〔動作や身なりが、その人の仕事や役割《やくわり》に似合《にあ》ってくる。〕（　）
□④ □を売る〔仕事中に、むだ話をしたり勝手なことをしたりして、なまける。〕（　）
□⑤ 一《いち》□置《お》く〔相手の能力《のうりょく》などがすぐれていることを認《みと》めて、敬意《けいい》をはらう。〕（　）
□⑥ 足□を見る〔相手の弱点を見ぬく。弱みにつけこむ。〕（　）
□⑦ 足が□になる〔長い時間、歩いたり立っていたりしてつかれ、足がこわばる。〕（　）

2 次の□にあてはまる言葉を▢から選《えら》んで（　）に書き、慣用句を完成させなさい。また、その慣用句の意味を後から選び、□に記号で答えなさい。

□① 腕《うで》が□　（　）・□
□② あごを□　（　）・□
□③ あごで□　（　）・□
□④ 足が□　（　）・□
□⑤ 足を□　（　）・□
□⑥ 足が地に□　（　）・□

使う　出る　出す　鳴る　着かない　引っぱる

ア 人の前進や成功《せいこう》のじゃまをする。
イ すっかりつかれる。くたびれる。
ウ 興奮《こうふん》などのために、気持ちや行動が落ち着かない。
エ 自分の才能や力を見せたくて、むずむずする。
オ 予定以上《いじょう》にお金がかかってしまって、赤字になる。
カ いばった態度《たいど》で、思いのままに人を使う。

語句

12 慣用句(2)

入試必出要点 赤シートでくりかえしチェックしよう！

馬が合う
意味 おたがいに気持ちがしっくりと合う。

お茶をにごす
意味 いいかげんなことを言って、その場をごまかす。

折《お》り紙をつける
意味 人や物がすぐれていること、または、信用《しんよう》できることを保証《ほしょう》する。

顔が売れる
意味 名が広く世間に知られる。有名になる。

顔がきく
意味 よく知られていて、特別《とくべつ》あつかいをしてもらえる。

顔が広い
意味 つきあいが広くて、多くの人に知られている。

顔から火が出る
意味 非常《ひじょう》にはずかしくて、顔が真っ赤になる。

顔にどろをぬる
意味 相手の面目《めんぼく》や体面を傷《きず》つけて、はじをかかせる。

肩《かた》の荷が下りる
意味 責任《せきにん》や義務《ぎむ》を果《は》たし、解放《かいほう》されてほっとする。

肩身がせまい
意味 周囲《しゅうい》の人にひけめを感じて、堂々《どうどう》とできない。面目が立たなくて、はずかしい。

肩を落とす
意味 がっかりして、元気をなくす。

肩を持つ
意味 ある人の味方をして、ひいきする。

角《かど》が立つ
意味 人との関係《かんけい》がおだやかでなくなる。

かぶとをぬぐ
意味 自分の力ではかなわないことを認《みと》めて、降参《こうさん》する。

▶解答は別冊4ページ

理解度チェック!

学習日　月　日

1 次の各組《かくくみ》の慣用句《かんようく》の□には、体の一部を表す同じ漢字があてはまります。その漢字を□から選《えら》び、書きなさい。

□① ・□が広い
・□が売れる
（　　）

□② ・□を落とす
・□の荷が下りる
（　　）

目　口　顔　腹《はら》　肩《かた》

2 次の文の□にあてはまる慣用句を□から選び、文に合う形で書きなさい。

□① お世話になったあの人の□たくない。（　　）

□② この店は、祖父《そふ》の□ので、サービスしてもらえそうだ。（　　）

□③ ぼんやりしていたら先生に注意されて、□たよ。（　　）

顔がきく　顔から火が出る
顔にどろをぬる

---

3 次の慣用句の意味を後から選び、記号で答えなさい。

□① 馬が合う（　　）

□② 肩を持つ（　　）

□③ 角《かど》が立つ（　　）

□④ かぶとをぬぐ（　　）

□⑤ お茶をにごす（　　）

□⑥ 肩身がせまい（　　）

□⑦ 折《お》り紙をつける（　　）

ア いいかげんなことを言って、その場をごまかす。
イ 人との関係《かんけい》がおだやかでなくなる。
ウ おたがいの気持ちがしっくりと合う。
エ 自分の力ではかなわないことを認《みと》めて、降参《こうさん》する。
オ 人や物がすぐれていること、または、信用できることを保証《ほしょう》する。
カ ある人の味方をして、ひいきする。
キ 周囲《しゅうい》の人にひけめを感じて、堂々《どうどう》とできない。

語句

13 慣用句(3)

入試必出要点　赤シートでくりかえしチェックしよう！

気が置《お》けない
意味　うちとけて、気楽につきあえる。親しい。えんりょがいらない。

気に病《や》む
意味　くよくよと心配して、思いなやむ。

肝《きも》がすわる
意味　どっしりとして、落ち着いている。度胸《どきょう》がある。

肝にめいじる
意味　心に留《と》めて、絶対《ぜったい》に忘《わす》れないようにする。

肝を冷《ひ》やす
意味　危険《きけん》やきょうふを感じて、ぞっとする。

気をもむ
意味　どうなることかと心配して、あせる。やきもきする。

くぎをさす
意味　あとで問題が起こらないように、相手に念《ねん》をおす。

口が重い
意味　口数が少なくて、あまりしゃべらない。

口が軽い
意味　言ってはならないことも、すぐにしゃべってしまう。

口火《くちび》を切る
意味　あることを最初《さいしょ》に行って、きっかけを作る。

口を割《わ》る
意味　かくしていたことを白状《はくじょう》する。

首を長くする
意味　あることの実現《じつげん》を、今か今かと期待しながら待つ。待ちこがれる。

首をひねる
意味　わからなくて、考えこむ。疑問《ぎもん》に思う。

さじを投げる
意味　これ以上《いじょう》やっても見こみがないと思って、あきらめる。

▶解答は別冊4ページ

理解度チェック！

学習日　　月　　日

1 次の□にあてはまる言葉を[ ]から選んで書き、下の意味の慣用句《かんようく》を完成《かんせい》させなさい。

□① くぎを□〔あとで問題が起こらないように、相手に念《ねん》をおす。〕（　　）

□② さじを□〔これ以上《いじょう》やっても見こみがないと思って、あきらめる。〕（　　）

□③ 気に□〔くよくよと心配して、思いなやむ。〕（　　）

□④ 肝《きも》を□〔危険《きけん》やきょうふを感じて、ぞっとする。〕（　　）

□⑤ 口を□〔かくしていたことを白状《はくじょう》する。〕（　　）

□⑥ 口が□〔口数が少なくて、あまりしゃべらない。〕（　　）

割《わ》る　病《や》む　冷《ひ》やす
さす　重い　投げる

2 次の各組《かくくみ》の慣用句の□には、体の一部を表す同じ漢字があてはまります。その漢字一字を書きなさい。

□① ・□をひねる　・□を長くする（　　）

□② ・□が軽い　・□火を切る（　　）

3 次の慣用句の□には、「気」「肝」のどちらかの漢字があてはまります。あてはまる漢字を（　）に書きなさい。また、その慣用句の意味を後から選び、□に記号で答えなさい。

□① □をもむ（　　）・□

□② □が置《お》けない（　　）・□

□③ □がすわる（　　）・□

□④ □にめいじる（　　）・□

ア 心に留《と》めて、絶対《ぜったい》に忘《わす》れないようにする。
イ どうなることかと心配して、あせる。やきもきする。
ウ どっしりとして、落ち着いている。度胸《どきょう》がある。
エ うちとけて、気楽につきあえる。親しい。えんりょがいらない。

14 慣用句(4)

入試必出要点 赤シートでくりかえしチェックしよう！

舌《した》を巻《ま》く
意味 すばらしいことにおどろき、感心する。

しのぎをけずる
意味 激《はげ》しく争《あらそ》う。

しびれを切らす
意味 待ちくたびれて、がまんできなくなる。

白羽《しらは》の矢が立つ
意味 多くの中から、特《とく》に選《えら》ばれて指名される。

すずめのなみだ
意味 あるかないかというくらいの少ない数量《すうりょう》。

図に当たる
意味 計画などが、思ったとおりの結果《けっか》になる。

図に乗る
意味 思いどおりになり、調子に乗っていい気になる。つけあがる。

すねをかじる
意味 自分の力では生活することができなくて、親などの世話になる。

背《せ》に腹《はら》はかえられない
意味 大切なことのためには、多少のぎせいをはらってもしかたがない。

高《たか》をくくる
意味 どうせたいしたことはないと、軽く見る。

立て板に水
意味 すらすらと、ためらうことなく話す様子。

玉にきず
意味 おしいことに、少しだけ欠点《けってん》があるということ。

つるの一声《ひとこえ》
意味 多くの人の言葉をおさえる、実力者のひと言。

手がつけられない
意味 限度《げんど》をこえていて、どうすることもできない。

▶解答は別冊4ページ

理解度チェック!

学習日　　月　　日

1 次の二つの慣用句《かんようく》の□には、同じ漢字があてはまります。その漢字一字を、下の慣用句の意味を参考にして書きなさい。

□
・□に乗る〔思いどおりになり、調子に乗っていい気になる。〕
・□に当たる〔計画などが、思ったとおりの結果《けっか》になる。〕
（　　）

2 次の□にあてはまる言葉を┆┆から選《えら》んで書き、慣用句を完成《かんせい》させなさい。

□① 手が□　（　　）
□② 舌《した》を□　（　　）
□③ すねを□　（　　）
□④ しびれを□　（　　）
□⑤ 背《せ》に腹《はら》は□　（　　）
□⑥ 白羽《しらは》の矢が□　（　　）

巻《ま》く　切らす　かえられない
立つ　かじる　つけられない

3 次の文は、慣用句の意味を表しています。合う慣用句を┆┆から選び、書きなさい。

□① 激《はげ》しく争《あらそ》う。（　　）
□② どうせたいしたことはないと、軽く見る。（　　）
□③ 多くの人の言葉をおさえる、実力者のひと言。（　　）
□④ おしいことに、少しだけ欠点《けってん》があるということ。（　　）
□⑤ あるかないかというくらいの少ない数量《すうりょう》。（　　）
□⑥ すらすらと、ためらうことなく話す様子。（　　）

つるの一声《ひとこえ》　立て板に水
玉にきず　しのぎをけずる
すずめのなみだ　高《たか》をくくる

15 慣用句(5)

入試必出要点　赤シートでくりかえしチェックしよう！

手にあせをにぎる
意味 心配したり興奮《こうふん》したりして、はらはらして見守る。

手に余《あま》る
意味 自分一人ではどうにもならない。自分の能力《のうりょく》をこえている。

手をぬく
意味 やるべきことを省略《しょうりゃく》して、いいかげんに行う。

手を広げる
意味 やることの範囲《はんい》を広げる。

頭角を現《あらわ》す
意味 力や才能《さいのう》がほかよりすぐれ、目立ってくる。

なみだをのむ
意味 くやしさをがまんする。無念《むねん》である。

二の足をふむ
意味 行動をためらう。しりごみする。

ねこをかぶる
意味 本性《ほんしょう》をかくして、おとなしそうにする。

ねこの額《ひたい》
意味 非常《ひじょう》にせまい様子。

寝耳《ねみみ》に水
意味 まったく思いがけないことにおどろくこと。

根も葉もない
意味 何の根拠《こんきょ》もない。まったくでたらめである。

歯が立たない
意味 相手が強すぎて、とてもかなわない。

鼻が高い
意味 得意《とくい》げな様子である。じまんする。

鼻であしらう
意味 相手のことを軽く見て、冷《つめ》たい態度《たいど》で見下したあつかいをする。

▶解答は別冊4ページ

1 次の各組《かくくみ》の慣用句《かんようく》の□には、体の一部を表す同じ漢字があてはまります。その漢字一字を書きなさい。

□① ・□が高い ・□であしらう （　　）

□② ・□を広げる ・□にあせをにぎる （　　）

2 次の文の□にあてはまる慣用句を［　］から選《えら》び、書きなさい。

□① □の知らせにとび起きる。（　　）

□② クラスに□うわさが立つ。（　　）

□③ □ほどの庭だが、季節《きせつ》の花がきれいだ。（　　）

□④ 無名《むめい》だった選手《せんしゅ》が、今年の大会で急に□。（　　）

［ねこの額《ひたい》　寝耳《ねみみ》に水　頭角を現《あらわ》す　根も歯もない］

3 次の□にあてはまる言葉を［　］から選んで書き、下の意味の慣用句を完成《かんせい》させなさい。

□① 手に□〈自分一人ではどうにもならない。自分の能力《のうりょく》をこえている。〉（　　）

□② 手を□〈やるべきことを省略《しょうりゃく》して、いいかげんに行う。〉（　　）

□③ 歯が□〈相手が強すぎて、とてもかなわない。〉（　　）

□④ ねこを□〈本性《ほんしょう》をかくして、おとなしそうにする。〉（　　）

□⑤ なみだを□〈くやしさをがまんする。無念《むねん》である。〉（　　）

□⑥ 二の足を□〈行動をためらう。しりごみする。〉（　　）

［のむ　ぬく　かぶる　ふむ　余《あま》る　立たない］

16 慣用句(6)

入試必出要点 赤シートでくりかえしチェックしよう！

鼻につく
意味 あきれていやになる。いやみに感じられる。

鼻を明かす
意味 得意《とくい》げな様子でいる相手に対し、出しぬいてあっと言わせる。

歯に衣着《きぬ》せぬ
意味 えんりょしないで、思ったままを率直《そっちょく》に言う。

羽をのばす
意味 不自由《ふじゆう》さからのがれて、のびのびとふるまう。

腹《はら》にすえかねる
意味 いかりをおさえることができない。

腹を割《わ》る
意味 かくさずに、本当の気持ちをうちあける。

ひざを交える
意味 少人数で集まって、たがいに親しく話し合う。

非《ひ》の打ちどころがない
意味 すぐれていて、欠点《けってん》がまったくない。完全《かんぜん》である。

骨《ほね》を折《お》る
意味 苦労《くろう》を気にしないで、力をつくす。

水に流す
意味 終わったことにこだわらないで、何もなかったことにする。

水を差《さ》す
意味 じゃまになることを、言ったりしたりする。

耳が痛《いた》い
意味 自分の失敗《しっぱい》や欠点を言われて、聞くのがつらい。

耳にたこができる
意味 同じことを何度も聞かされて、うんざりする。

耳を疑《うたが》う
意味 意外で信《しん》じられない話を聞いて、聞きちがいかと思う。

▶解答は別冊4ページ

16 慣用句(6) 理解度チェック!

学習日　　月　　日

1 次の各組《かくくみ》の慣用句《かんようく》の□には、体の一部を表す同じ漢字があてはまります。その漢字一字を書きなさい。

□① ・□を割《わ》る
・□にすえかねる
（　　）

□② ・□を疑《うたが》う
・□にたこができる
（　　）

2 次の文の□にあてはまる慣用句を⬚から選《えら》び、書きなさい。

□① 過去《かこ》の争《あらそ》いを□。（　　）

□② 技術《ぎじゅつ》がすばらしくて□。（　　）

□③ 母が留守《るす》なので、のんびりと□。（　　）

□④ かれの話は、いちいち□のでいやになる。（　　）

鼻につく　水に流す
羽をのばす　非《ひ》の打ちどころがない

3 次の文は、慣用句の意味を表しています。合う慣用句を⬚から選び、書きなさい。

□① 苦労《くろう》を気にしないで、力をつくす。（　　）

□② 少人数で集まって、たがいに親しく話し合う。（　　）

□③ 自分の失敗《しっぱい》や欠点《けってん》を言われて、聞くのがつらい。（　　）

□④ えんりょしないで、思ったままを率直《そっちょく》に言う。（　　）

□⑤ 得意《とくい》げな様子でいる相手に対し、出しぬいてあっと言わせる。（　　）

□⑥ じゃまになることを、言ったりしたりする。（　　）

鼻を明かす　歯に衣着《きぬき》せぬ　骨《ほね》を折《お》る
ひざを交える　水を差《さ》す　耳が痛《いた》い

17 慣用句(7)

入試必出要点　赤シートでくりかえしチェックしよう！

耳をすます
意味 心を集中して、じっと聞く。

身を粉《こ》にする
意味 苦労《くろう》を気にしないで、けんめいに働《はたら》く。

虫が知らせる
意味 何となく、何かが起こりそうな予感がする。

虫のいどころが悪い
意味 きげんが悪くて、ちょっとしたことにも不満《ふまん》やいかりを感じる。

胸《むね》を打つ
意味 強く感動させる。

胸を借《か》りる
意味 力が下の者が、力が上の者に相手になってもらう。

胸をなでおろす
意味 心配や不安がなくなって、ほっとする。

目が高い
意味 物や人の値打《ねう》ちを見ぬく力がすぐれている。

目と鼻の先
意味 ほんの少ししかはなれていないこと。非常《ひじょう》に近いこと。

目に余《あま》る
意味 あまりのひどさに、だまって見ていられない。

目もくれない
意味 無視《むし》して、まったく見向きもしない。

目をかける
意味 特《とく》にかわいがって、何かにつけてよくめんどうをみる。

指をくわえる
意味 うらやましく思いながらも、何もできず、ただながめている。

輪《わ》をかける
意味 いっそう激《はげ》しくする。いっそう大げさにする。

▶解答は別冊5ページ

理解度チェック！

学習日　月　日

1 次の二つの慣用句《かんようく》の□には、生き物を表す同じ漢字があてはまります。その漢字一字を書きなさい。

□ ・□が知らせる
・□のいどころが悪い
（　）

2 次の二つの慣用句の□には、体の一部を表す同じ漢字があてはまります。その漢字一字を書きなさい。

□ ・□をかける
・□と鼻の先
（　）

3 次の□にあてはまる漢字一字を書き、下の意味の慣用句を完《かん》成《せい》させなさい。

□① 身を□にする〔苦労《くろう》を気にしないで、けんめいに働《はたら》く。〕（　）

□② □をなでおろす〔心配や不安《ふあん》がなくなって、ほっとする。〕（　）

□③ □をくわえる〔うらやましく思いながらも、何もできず、ただながめている。〕（　）

4 次の慣用句の意味を後から選《えら》び、記号で答えなさい。

□① 目が高い（　）

□② 目に余《あま》る（　）

□③ 目もくれない（　）

□④ 胸《むね》を打つ（　）

□⑤ 胸を借《か》りる（　）

□⑥ 耳をすます（　）

□⑦ 輪《わ》をかける（　）

ア 強く感動させる。

イ 心を集中して、じっと聞く。

ウ 無視《むし》して、まったく見向きもしない。

エ 物や人の値打《ねう》ちを見ぬく力がすぐれている。

オ いっそう激《はげ》しくする。いっそう大げさにする。

カ あまりのひどさに、だまって見ていられない。

キ 力が下の者が、力が上の者に相手になってもらう。

18 ことわざ・故事成語(1)

入試必出要点　赤シートでくりかえしチェックしよう!

ことわざ・故事成語《こじせいご》とは?

① ことわざ…昔から言いならわされ、教訓《きょうくん》やちえがふくまれている言葉。

② 故事成語…中国の古典《こてん》に由来し、いわれのある話からできた言葉。

悪事《あくじ》千里《せんり》を走る

意味　悪い行いは、すぐ世間に知れわたってしまう。

あとは野となれ山となれ

意味　今さえよければ、あとはどうなってもかまわない。

あぶはち取らず

意味　欲《よく》ばりすぎると、失敗《しっぱい》したり損《そん》をしたりする。

雨降《ふ》って地固《じかた》まる

意味　もめごとのあとは、かえって落ち着き、うまくいく。

ありの穴《あな》から堤《つつみ》もくずれる

意味　少しの油断《ゆだん》が、思いがけない大ごとにつながる。

案《あん》ずるより産《う》むがやすし

意味　心配するよりも、実行すれば案外簡単《かんたん》にできるものだ。

石の上にも三年

意味　しんぼうすれば、いつかよいことがあるということ。

石橋をたたいてわたる

意味　用心の上にも用心を重ねる。

医者の不養生《ふようじょう》

意味　他人の世話ばかりしていて、自分のことがおろそかになること。

急がば回れ

意味　急ぐときは、時間や手間がかかっても、確実《かくじつ》な方法《ほうほう》をとったほうがよい。

一寸《いっすん》の虫にも五分《ごぶ》のたましい

意味　どんなに小さくて弱い者にも意地があるから、ばかにはできないということ。

井《い》の中のかわず大海《たいかい》を知らず

意味　自分だけのせまい考えにとらわれて、広い世界を知らない。

※「かわず」は「かえる」の古い言い方。

▶解答は別冊5ページ

理解度チェック!

学習日　月　日

1 次の□にあてはまる漢数字を書き、ことわざを完成《かんせい》させなさい。

□① 石の上にも□年　（　　）

□② 悪事《あくじ》□里《り》を走る　（　　）

□③ ㋐寸《すん》の虫にも㋑分《ぶ》のたましい　㋐（　　）　㋑（　　）

2 次の□には、生き物を表す言葉があてはまります。その言葉を書き、ことわざを完成させなさい。

□① あぶ□とらず　（　　）

□② □の穴《あな》から堤《つつみ》もくずれる　（　　）

□③ 井《い》の中の□大海《たいかい》を知らず　（　　）

3 「石橋をたたいてわたる」ということわざは、どんな様子を表しますか。次から選《えら》び、記号で答えなさい。

□ ア がんこな様子。　イ 欲深《よくぶか》い様子。
ウ がまん強い様子。　エ 用心深い様子。　（　　）

4 次の□にあてはまる言葉を（　）に書き、ことわざを完成させなさい。また、ことわざの意味を後から選び、□に記号で答えなさい。

□① 急がば□　（　　）・□

□② □の不養生《ふようじょう》　（　　）・□

□③ □降《ふ》って地固《じ》まる　（　　）・□

□④ あとは野となれ□となれ　（　　）・□

□⑤ □より産《う》むがやすし　（　　）・□

ア 今さえよければ、あとはどうなってもかまわない。
イ もめごとのあとは、かえって落ち着き、うまくいく。
ウ 心配するよりも、実行すれば案外簡単《あんがいかんたん》にできるものだ。
エ 急ぐときは、時間や手間がかかっても、確実《かくじつ》な方法《ほうほう》をとったほうがよい。
オ 他人の世話ばかりしていて、自分のことがおろそかになること。

19 ことわざ・故事成語(2)

入試必出要点　赤シートでくりかえしチェックしよう！

魚心《うおごころ》あれば水心《みずごころ》
意味　相手の出方しだいで、こちらもそれに応《おう》じる用意があるということ。

馬の耳に念仏《ねんぶつ》
意味　意見や忠告《ちゅうこく》をしても、まったく効《き》きめがないこと。

えびでたいを釣《つ》る
意味　わずかな努力《どりょく》や資金《しきん》で、大きな利益《りえき》を得《え》る。

帯《おび》に短したすきに長し
意味　ちゅうとはんぱで役に立たないもの。

おぼれる者はわらをもつかむ
意味　追いつめられると、どんなものにもたよろうとする。

かえるの子はかえる
意味　子どもは親に似《に》るものだということ。

勝ってかぶとの緒《お》をしめよ
意味　うまくいっても、油断《ゆだん》しないで心を引きしめろ。

果報《かほう》は寝《ね》て待て
意味　幸運のおとずれは、あせらないでじっと待つのがよい。

かめの甲《こう》より年の功《こう》
意味　長年の経験《けいけん》は尊《とうと》いものだということ。

枯《か》れ木も山のにぎわい
意味　つまらないものであっても、ないよりはましであるということ。

かわいい子には旅をさせよ
意味　子どもがかわいいならば、あまやかさずに苦労《くろう》をさせたほうがかえってよい。

きじも鳴かずばうたれまい
意味　よけいなことを言わなければ、災難《さいなん》にあうこともない。

漁夫《ぎょふ》の利《り》
意味　たがいに争《あらそ》うすきに、第三者が利益《りえき》を横取りすること。

蛍雪《けいせつ》の功
意味　苦労を重ねて学問にはげんだ成果《せいか》のこと。

▶解答は別冊5ページ

理解度チェック!

学習日　　月　　日

1 次のことわざの意味を後から選《えら》び、記号で答えなさい。

□ ① 果報《かほう》は寝《ね》て待て （　　）

□ ② 枯《か》れ木も山のにぎわい （　　）

□ ③ 帯《おび》に短したすきに長し （　　）

□ ④ かわいい子には旅をさせよ （　　）

□ ⑤ おぼれる者はわらをもつかむ （　　）

□ ⑥ 勝ってかぶとの緒《お》をしめよ （　　）

ア ちゅうとはんぱで役に立たないもの。

イ うまくいっても、油断《ゆだん》しないで心を引きしめろ。

ウ 追いつめられると、どんなものにもたよろうとする。

エ 幸運のおとずれは、あせらないでじっと待つのがよい。

オ 子どもがかわいいならば、あまやかさずに苦労《くろう》をさせたほうがかえってよい。

カ つまらないものであっても、ないよりはましであるということ。

2 次の□には、生き物を表す言葉があてはまります。その言葉を[　]から選んで書き、ことわざを完成《かんせい》させなさい。

□ ① □心《ごころ》あれば水心《みずごころ》 （　　）

□ ② □の耳に念仏《ねんぶつ》 （　　）

□ ③ えびで□を釣《つ》る （　　）

□ ④ かえるの子は□ （　　）

□ ⑤ □の甲《こう》より年の功《こう》 （　　）

□ ⑥ □も鳴かずばうたれまい （　　）

[かめ　かえる　馬　魚　きじ　たい]

3 次の□にあてはまる漢字一字を書き、下の意味の故事成語《こじせいご》を完成させなさい。

□ ① 蛍雪《けいせつ》の□〔苦労を重ねて学問にはげんだ成果《せいか》のこと。〕 （　　）

□ ② 漁夫《ぎょふ》の□〔たがいに争《あらそ》うすきに、第三者が利《り》益《えき》を横取りすること。〕 （　　）

20 ことわざ・故事成語(3)

入試必出要点　赤シートでくりかえしチェックしよう！

光陰《こういん》矢のごとし
意味　月日のたつのは、非常《ひじょう》に早いものだということ。

弘法《こうぼう》にも筆の誤《あやま》り
意味　名人と言われる人でも、時には失敗《しっぱい》することもあるということ。

紺屋《こうや》の白《しろ》ばかま
意味　他人のことにいそがしくて、自分のことがおろそかになること。

五十歩百歩
意味　多少のちがいはあるが、実際《じっさい》にはほとんど同じであること。

転ばぬ先のつえ
意味　失敗しないように、前もって用心しておくこと。

三人寄《よ》れば文殊《もんじゅ》のちえ
意味　平凡《へいぼん》な人でも、何人か集まって相談すれば、すばらしいちえが出るものだということ。

釈迦《しゃか》に説法《せっぽう》
意味　そのことをよく知っている人に教えようとすること。

朱《しゅ》に交われば赤くなる
意味　人は、つきあう相手や周《まわ》りの人間によって、よくも悪くもなる。

知らぬが仏《ほとけ》
意味　いやなことも、知らなければ、のんびりと落ち着いていられるということ。

好《す》きこそものの上手なれ
意味　好きなことだからこそ熱中《ねっちゅう》するので、上達《じょうたつ》するものだ。

すずめ百までおどり忘《わす》れず
意味　幼《おさな》いころからの習慣《しゅうかん》は、年をとっても変《か》わらない。

急《せ》いては事を仕損《しそん》ずる
意味　物事は、あまり急ぐと失敗するものだ。

船頭《せんとう》多くして船山に上る
意味　指図する人が多いと、かえってうまくいかないものだ。

▶解答は別冊5ページ

理解度チェック!

学習日　月　日

1 次の□にあてはまる言葉を書き、下の意味のことわざ・故事《こじ》成語《せいご》を完成《かんせい》させなさい。

□① 五十歩□〔多少のちがいはあるが、実際《じっさい》にはほとんど同じであること。〕（　）

□② 釈迦《しゃか》に□〔そのことをよく知っている人に教えようとすること。〕（　）

□③ 紺屋《こうや》の□〔他人のことにいそがしくて、自分のことがおろそかになること。〕（　）

2 次の□にあてはまる漢字一字を書き、ことわざを完成させなさい。

□① 知らぬが□（　）

□② 弘法《こうぼう》にも□の誤《あやま》り（　）

□③ 光陰《こういん》□のごとし（　）

□④ すずめ□までおどり忘《わす》れず（　）

3 次のことわざの意味を後から選《えら》び、記号で答えなさい。

□① 転ばぬ先のつえ（　）

□② 三人寄《よ》れば文殊《もんじゅ》のちえ（　）

□③ 朱《しゅ》に交われば赤くなる（　）

□④ 急《せ》いては事を仕損《しそん》ずる（　）

□⑤ 好《す》きこそものの上手なれ（　）

□⑥ 船頭《せんどう》多くして船山に上る（　）

ア 物事は、あまり急ぐと失敗《しっぱい》するものだ。
イ 失敗しないように、前もって用心しておくこと。
ウ 指図する人が多いと、かえってうまくいかないものだ。
エ 好きなことだからこそ熱中《ねっちゅう》するので、上達《じょうたつ》するものだ。
オ 人は、つきあう相手や周《まわ》りの人間によって、よくも悪くもなる。
カ 平凡《へいぼん》な人でも、何人か集まって相談すれば、すばらしいちえが出るものだということ。

語句

21 ことわざ・故事成語⑷

入試必出要点　赤シートでくりかえしチェックしよう！

他山《たざん》の石
意味 つまらない人の言動も、心がけしだいで自分の役に立てることができる。

立つ鳥あとをにごさず
意味 立ち去る者は、きれいに後始末《あとしまつ》をするべきだ。

たなからぼたもち
意味 思いがけない幸運《こううん》が転がりこんでくること。

ちりも積《つ》もれば山となる
意味 わずかなものでも、積もり重なれば大きなものとなる。

月とすっぽん
意味 似《に》たところはあるが、実際《じっさい》には大きくちがうこと。

出るくいは打たれる
意味 目立つ人やでしゃばる人は、にくまれがちである。

灯台《とうだい》もと暗し
意味 身近なことは、かえってわかりにくい。

とびがたかを生む
意味 平凡《へいぼん》な親から、すぐれた子どもが生まれる。

とらぬたぬきの皮算用《かわざんよう》
意味 確《たし》かでないことをあてにして、あれこれ計算すること。

とらの威《い》を借《か》るきつね
意味 力のない者が、強い者の力をたのみにしていばること。

情《なさ》けは人のためならず
意味 人に親切にしておくと、それがめぐりめぐって、自分によい報《むく》いとなって返ってくる。

二階から目薬
意味 回りくどくて、効果《こうか》が思うように出ないこと。

二兎《にと》を追う者は一兎をも得《え》ず
意味 二つを同時にしようとしても、結局《けっきょく》どちらも失敗《しっぱい》する。

ねこに小判《こばん》
意味 どんなに価値《かち》のあるものでも、その値打《ねう》ちがわからない者にとっては、何の役にも立たないということ。

▶解答は別冊5ページ

21 ことわざ・故事成語(4)　理解度チェック!　学習日　月　日

1 次の二つのことわざの□には、同じ漢数字があてはまります。その漢数字を書きなさい。

□ ・□階から目薬
・□兎《と》を追う者は一兎をも得《え》ず
（　　）

2 次の□には、生き物を表す言葉があてはまります。その言葉を書き、ことわざを完成《かんせい》させなさい。

□① □に小判《こばん》（　　）
□② 月と□（　　）
□③ とびが□を生む（　　）
□④ 立つ□あとをにごさず（　　）
□⑤ とらの威《い》を借《か》る□（　　）
□⑥ とらぬ□の皮算用《かわざんよう》（　　）

3 「情《なさ》けは人のためならず」ということわざの意味を次から選《えら》び、記号で答えなさい。

□ア 人への親切は、その人をあまやかすことになる。
イ 人への親切は、よい報《むく》いとなって返ってくる。
ウ 人への親切は、見返りを期待してはいけない。
（　　）

4 ことわざ・故事成語《こじせいご》には、人生の教訓《きょうくん》やちえがふくまれています。次の事がらにあてはまることわざ・故事成語を□から選び、書きなさい。

□① 人生には、ふいに幸運がおとずれることもある。（　　）
□② 身近なところにも注意をはらっておくとよい。（　　）
□③ 自分よりおとると思われる人の意見も聞くべきだ。（　　）
□④ 才能《さいのう》を、やたらと見せびらかしてはいけない。（　　）
□⑤ 小さなものでも、集まれば大きなものとなるから、大切にするとよい。（　　）

他山《たざん》の石　たなからぼたもち
灯台《とうだい》もと暗し　出るくいは打たれる
ちりも積《つ》もれば山となる

語句

22 ことわざ・故事成語(5)

入試必出要点　赤シートでくりかえしチェックしよう！

念《ねん》には念を入れよ
意味 用心のうえに、さらに用心してほしい、ということ。

能《のう》あるたかはつめをかくす
意味 能力のある者は、それをやたらと見せびらかさない。

のどもと過《す》ぎれば熱《あつ》さを忘《わす》れる
意味 苦しいことも、それが過ぎれば簡単《かんたん》に忘れてしまう。

背水《はいすい》の陣《じん》
意味 絶対《ぜったい》に失敗《しっぱい》できないという、必死《ひっし》のかくごで全力をつくそうとすること。

早起きは三文《さんもん》の徳《とく》
意味 早起きすると、何かと得《とく》をするものだということ。

人のうわさも七十五日《しちじゅうごにち》
意味 世間のうわさは、長続《ながつづ》きしないものだということ。

人の口に戸は立てられぬ
意味 悪いうわさや評判《ひょうばん》は、防《ふせ》ぎようがないということ。

百聞《ひゃくぶん》は一見《いっけん》にしかず
意味 人から何度も聞くより、一度でも自分の目で見たほうがよくわかる。

下手《へた》の横好《よこず》き
意味 下手なくせに、むやみに好きで熱心《ねっしん》であること。

待てば海路《かいろ》の日和《ひより》あり
意味 待っていれば、やがてうまくいくときがくる。

身から出たさび
意味 自分の悪い行いのせいで、あとで自分が苦しむこと。

三《み》つ子《ご》のたましい百まで
意味 幼《おさな》いころの性質《せいしつ》は、年をとっても変《か》わることはない。

弱り目にたたり目
意味 困《こま》っているときに、さらに困ったことが起こること。

わたる世間に鬼《おに》はない
意味 世間には、困ったときに助けてくれる情《なさ》け深い人も必《かなら》ずいる。

▶解答は別冊6ページ

理解度チェック!

学習日　　月　　日

1 次のことわざ・故事成語《こじせいご》の意味を後から選《えら》び、記号で答えなさい。

□① 背水《はいすい》の陣《じん》（　　）

□② 念《ねん》には念を入れよ（　　）

□③ 弱り目にたたり目（　　）

□④ わたる世間に鬼《おに》はない（　　）

□⑤ 待てば海路《かいろ》の日和《ひより》あり（　　）

□⑥ のどもと過《す》ぎれば熱《あつ》さを忘《わす》れる（　　）

ア 困《こま》っているときに、さらに困ったことが起こること。

イ 待っていれば、やがてうまくいくときがくる。

ウ 苦しいことも、それが過ぎれば簡単《かんたん》に忘れてしまう。

エ 用心のうえに、さらに用心してほしい、ということ。

オ 絶対《ぜったい》に失敗《しっぱい》できないという、必死《ひっし》のかくごで全力をつくそうとすること。

カ 世間には、困ったときに助けてくれる情《なさ》け深い人も必《かなら》ずいる。

2 次の□にあてはまる漢数字を書き、ことわざを完成《かんせい》させなさい。

□① 早起きは□文の徳《とく》（　　）

□② 人のうわさも□十五日（　　）

□③ ㋐聞《ぶん》は㋑見《けん》にしかず　㋐（　　）　㋑（　　）

□④ ㋐つ子のたましい㋑まで　㋐（　　）　㋑（　　）

3 次の□にあてはまる漢字一字を書き、ことわざを完成させなさい。

□① 下手《へた》の□好《ず》き（　　）

□② □から出たさび（　　）

□③ 人の口に□は立てられぬ（　　）

□④ □あるたかはつめをかくす（　　）

23 漢字の読み方(1)

入試必出要点　赤シートでくりかえしチェックしよう！

漢字の音と訓《くん》

漢字には、中国の読み方をもとにして読む**音読み**と、漢字の意味を表す日本の言葉をあてはめて読む**訓読み**がある。

熟語《じゅくご》の読み方

漢字を組み合わせた言葉を、**熟語**という。熟語の音訓の組み合わせには、次のようなものがある。

音音読み―上下とも音読みする。

交通《コウツウ》　地図《チズ》　集合《シュウゴウ》　快晴《カイセイ》　火事《カジ》

訓訓読み―上下とも訓読みする。

草花《くさばな》　相手《あいて》　手紙《てがみ》　広場《ひろば》　野原《のはら》

音訓読み（重箱読み）―上を音読み、下を訓読みする。

両手《リョウて》　番組《バンぐみ》　試合《シあい》　新型《シンがた》　役目《ヤクめ》

役場《ヤクば》　仕事《シごと》　楽屋《ガクや》　客間《キャクま》　王様《オウさま》

台所《ダイどころ》　毎朝《マイあさ》　本音《ホンね》　団子《ダンご》　絵筆《エふで》

茶色《チャいろ》　新芽《シンめ》　役割《ヤクわり》　両側《リョウがわ》　駅前《エキまえ》

訓音読み（湯桶《ゆとう》読み）―上を訓読み、下を音読みする。

手本《てホン》　場所《ばショ》　金具《かなグ》　雨具《あまグ》　合図《あいズ》

指図《さしズ》　長年《ながネン》　荷物《にモツ》　身分《みブン》　布地《ぬのジ》

野宿《のジュク》　弱気《よわキ》　丸太《まるタ》　消印《けしイン》　値段《ねダン》

石段《いしダン》　湯気《ゆゲ》　関所《せきショ》　相性《あいショウ》　内気《うちキ》

読み方が二つ以上《いじょう》ある熟語

人気…にんき・ひとけ　牧場…ぼくじょう・まきば

変化…へんか・へんげ　風車…ふうしゃ・かざぐるま

寒気…かんき・さむけ　半月…はんげつ・はんつき

紅葉…こうよう・もみじ　分別…ぶんべつ・ふんべつ

市場…しじょう・いちば　昨日…さくじつ・きのう

今日…こんにち・きょう　明日…みょうにち・あす

上手…じょうず・うわて・かみて

下手…へた・したて・しもて

▶解答は別冊6ページ

23 漢字の読み方(1)　理解度チェック！　学習日　月　日

1 次の熟語《じゅくご》の読み方は、□のどれにあたりますか。それぞれ選《えら》び、記号で答えなさい。

ア 音音読み
イ 訓《くん》訓読み
ウ 音訓読み
エ 訓音読み

□① 草花（　）
□② 家事（　）
□③ 金具（　）
□④ 地図（　）
□⑤ 台所（　）
□⑥ 広場（　）
□⑦ 両手（　）
□⑧ 手本（　）
□⑨ 仕事（　）
□⑩ 集合（　）
□⑪ 交通（　）
□⑫ 湯気（　）
□⑬ 王様（　）
□⑭ 野原（　）
□⑮ 石段（　）
□⑯ 新芽（　）
□⑰ 身分（　）
□⑱ 駅前（　）

2 次の熟語の読み方を、音読みの部分はカタカナで、訓読みの部分はひらがなで書きなさい。

□① 合図（　）
□② 客間（　）
□③ 布地（　）
□④ 番組（　）
□⑤ 新型（　）
□⑥ 野宿（　）
□⑦ 本音（　）
□⑧ 弱気（　）
□⑨ 値段（　）
□⑩ 両側（　）

3 次の熟語の読み方を、（　）の数だけ書きなさい。

□① 人気（　）・（　）
□② 市場（　）・（　）
□③ 明日（　）・（　）
□④ 上手（　）・（　）・（　）

漢字

24 漢字の読み方(2)

入試必出要点 赤シートでくりかえしチェックしよう！

読み方が決まっている漢字

昔からの習慣《しゅうかん》で、ある熟語《じゅくご》の場合には、**決まった読み方**をする漢字がある。熟語全体のひとまとまりの読み方として覚《おぼ》えよう。

兄弟《きょうだい》　支度《したく》　真紅《しんく》　早速《さっそく》　精進《しょうじん》
街道《かいどう》　会得《えとく》　木立《こだち》　弟子《でし》　建立《こんりゅう》
工夫《くふう》　世間《せけん》　生糸《きいと》　小児《しょうに》　遊説《ゆうぜい》
問屋《とんや》　納屋《なや》　供養《くよう》　仮病《けびょう》　遺言《ゆいごん》
風情《ふぜい》　境内《けいだい》　春雨《はるさめ》　拍子《ひょうし》　相殺《そうさい》
功徳《くどく》　成就《じょうじゅ》　夏至《げし》　黄金《こがね》　出納《すいとう》
納得《なっとく》　往生《おうじょう》　権化《ごんげ》　流布《るふ》　重宝《ちょうほう》
詩歌《しいか》　雑木《ぞうき》　性分《しょうぶん》　口調《くちょう》　強引《ごういん》
断食《だんじき》　体裁《ていさい》　便乗《びんじょう》　発端《ほったん》　平生《へいぜい》

特別な読み方（熟字訓《じゅくじくん》）

漢字を一字ずつ音や訓で読むのではなく、熟語全体を一つのまとまりとして、特別な読み方をするもののことを、**熟字訓**という。

今朝《けさ》　今年《ことし》　友達《ともだち》　七夕《たなばた》　清水《しみず》
景色《けしき》　迷子《まいご》　博士《はかせ》　果物《くだもの》　河原《かわら》
大人《おとな》　田舎《いなか》　海原《うなばら》　素人《しろうと》　土産《みやげ》
名残《なごり》　息子《むすこ》　眼鏡《めがね》　小豆《あずき》　竹刀《しない》
太刀《たち》　日和《ひより》　海女《あま》　木綿《もめん》　吹雪《ふぶき》
大和《やまと》　雑魚《ざこ》　砂利《じゃり》　若人《わこうど》　時雨《しぐれ》
梅雨《つゆ》　笑顔《えがお》　心地《ここち》　風邪《かぜ》　芝生《しばふ》
相撲《すもう》　乙女《おとめ》　足袋《たび》　雪崩《なだれ》　行方《ゆくえ》
八百屋《やおや》　意気地《いくじ》　五月雨《さみだれ》　真面目《まじめ》

▶解答は別冊6ページ

24 漢字の読み方(2)

理解度チェック!

学習日 月 日

1 次の熟語《じゅくご》の読み方を書きなさい。

□① 弟子（ ）
□② 木立（ ）
□③ 遊説（ ）
□④ 支度（ ）
□⑤ 遺言（ ）
□⑥ 精進（ ）
□⑦ 供養（ ）
□⑧ 境内（ ）
□⑨ 建立（ ）
□⑩ 成就（ ）
□⑪ 真紅（ ）
□⑫ 早速（ ）
□⑬ 体裁（ ）
□⑭ 強引（ ）
□⑮ 重宝（ ）
□⑯ 流布（ ）
□⑰ 風情（ ）
□⑱ 問屋（ ）
□⑲ 夏至（ ）
□⑳ 納得（ ）
□㉑ 街道（ ）
□㉒ 仮病（ ）

2 次の熟語の特別な読み方（熟字訓《じゅくじくん》）を書きなさい。

□① 土産（ ）
□② 素人（ ）
□③ 海原（ ）
□④ 河原（ ）
□⑤ 田舎（ ）
□⑥ 木綿（ ）
□⑦ 海女（ ）
□⑧ 砂利（ ）
□⑨ 名残（ ）
□⑩ 迷子（ ）
□⑪ 小豆（ ）
□⑫ 日和（ ）
□⑬ 心地（ ）
□⑭ 時雨（ ）
□⑮ 笑顔（ ）
□⑯ 若人（ ）
□⑰ 雑魚（ ）
□⑱ 行方（ ）
□⑲ 意気地（ ）
□⑳ 五月雨（ ）

漢字

25 同音異義語(1)

入試必出要点　赤シートでくりかえしチェックしよう！

同音異義語《いぎご》とは？

異《こと》なる漢字を使い、意味もちがうが、音読みが同じという熟語《じゅくご》がある。これを**同音異義語**という。

イガイ

関係者《かんけいしゃ》**以外**は立ち入り禁止《きんし》だ。　＊その他のもの

意外な結末《けつまつ》におどろく。　＊予想外のこと

イギ

同音**異義**語を正しく使い分ける。　＊意味がちがうこと

環境《かんきょう》問題にとって**意義**のある研究。　＊値打《ねう》ち

議会《ぎかい》で**異議**を申し立てる。　＊ちがう意見、反対の意見

イコウ

相手側《がわ》にこちらの**意向**を伝《つた》える。　＊心の向かうところ、おもわく

会社が新しい体制《たいせい》に**移行**する。　＊移《うつ》りゆくこと

イシ

会議ではっきりと**意思**表示《ひょうじ》をする。　＊思い、考え

かれは**意志**が強く、簡単《かんたん》にはあきらめない。　＊何かをしようとする気持ち

なくなった祖父《そふ》の**遺志**を受けつぐ。　＊なくなった人の望《のぞ》み

イジョウ

機械《きかい》を点検《てんけん》したが、**異状**なしだった。　＊ふだんとちがう状態《じょうたい》

世界の各地《かくち》で**異常**気象《きしょう》が起こっている。　＊正常《せいじょう》ではないこと

イドウ

駅からホテルまで、バスで**移動**する。　＊位置《いち》を変《か》えること

二つの計画案《あん》の**異同**を探《さが》す。　＊ちがっている点

会社の人事**異動**で部長になる。　＊地位《ちい》や仕事などが変わること

エイセイ

新しい気象**衛星**が打ち上げられた。　＊惑星《わくせい》の周《まわ》りを回る天体

台所の**衛生**に気をつける。　＊清潔《せいけつ》にして病気を防《ふせ》ぐこと

エンゲイ

この町は**園芸**農業がさかんだ。　＊草花などを育てること

祭りの日に**演芸**大会をもよおす。　＊客の前で落語《らくご》や漫才《まんざい》などを演《えん》じること

カイシン

かれは、**改心**してすっかりまじめになった。　＊心を改《あらた》めること

この絵は、私《わたし》にとって**会心**の作だ。　＊心から満足《まんぞく》すること

▶解答は別冊6ページ

25 同音異義語(1) 理解度チェック！

学習日　月　日

1 次の――線部がカタカナの読み方の熟語《じゅくご》になるように、□にあてはまる漢字を書きなさい。

□① イギ
㋐ 自然保護《しぜんほご》は意□のある仕事だ。（　）
㋑ 同音異□語に注意する。（　）
㋒ あなたの意見に異□はない。（　）

□② イドウ
㋐ 会社の人事異□。（　）
㋑ テーブルを移□させる。（　）
㋒ 元の案《あん》と修正《しゅうせい》案の異□を示す。（　）

□③ エンゲイ
㋐ 花などの□芸を趣味《しゅみ》とする。（　）
㋑ 落語《らくご》などの□芸が行われた。（　）

□④ カイシン
㋐ この作品は、□心の作だ。（　）
㋑ 行いを反省《はんせい》して□心する。（　）

2 次の――線部のカタカナを、漢字に直しなさい。

□①
㋐ 故人《こじん》のイシを受けつぐ。（　）
㋑ 自分のイシを強くもつ。（　）
㋒ 意見に、反対のイシを表明する。（　）

□②
㋐ 今年の夏の暑さはイジョウだった。（　）
㋑ 体のどこにもイジョウはなかった。（　）

□③
㋐ 生活で、エイセイ面に気をつける。（　）
㋑ 人工エイセイを打ち上げる。（　）

□④
㋐ この遊具は、子どもイガイは乗れない。（　）
㋑ かれのイガイな一面を見た。（　）

□⑤
㋐ 組織《そしき》が新しい体制《たいせい》にイコウする。（　）
㋑ 相手のイコウを理解《りかい》する。（　）

漢字

26 同音異義語⑵

入試必出要点　赤シートでくりかえしチェックしよう！

カイトウ

試験《しけん》の解答用紙に氏名《しめい》を記入する。　＊問題に答えること、答え

選挙《せんきょ》についてのアンケートに回答する。　＊問いかけに答えること

ガイトウ

辺《あた》りが暗くなり、街灯がついた。　＊道を照《て》らす明かり

街頭に立って選挙演説《えんぜつ》をする。　＊町なか、町の通り

カイホウ

歴史《れきし》のある庭園を市民《しみん》に開放する。　＊開け放すこと

人質《ひとじち》が無事《ぶじ》に解放された。　＊解《と》き放して自由にすること

祖母《そぼ》の病気が快方に向かう。　＊病気やけががよくなること

カガク

激《はげ》しい化学反応《はんのう》で発火する。　＊物質《ぶっしつ》の性質《せいしつ》や変化《へんか》などを研究する学問、科学の一分野

科学技術《ぎじゅつ》がめざましく発展《はってん》する。　＊現象《げんしょう》を研究し、その原理・法則《ほうそく》や応用《おうよう》などを考える学問

カクシン

試合に勝てると確信している。　＊固《かた》く信《しん》じること

常識《じょうしき》にとらわれない革新的《てき》なやり方。　＊現状《げんじょう》を改《あらた》めて新しくすること

カテイ

地震《じしん》の発生を仮定して、避難訓練《ひなんくんれん》をする。　＊仮《かり》に決めること

工場で、製品《せいひん》を作る過程を見学する。　＊移《うつ》り変《か》わり、道すじ

教師《きょうし》になるために、大学で教職《きょうしょく》課程をとる。　＊一定期間に学習する内容《ないよう》

カンシュウ

移住《いじゅう》した土地の慣習に従《したが》う。　＊昔からの習わし

サッカー場に、二万人の観衆が集まった。　＊見物する人々

カンショウ

美術館《びじゅつかん》で、世界の名画を鑑賞する。　＊芸術《げいじゅつ》作品などを見ること

観賞用の魚を飼育《しいく》する。　＊見て楽しむこと

秋の夕暮《ゆうぐ》れに、感傷的な気分になる。　＊物事に感じて悲しい気持ちになること

カンシン

かれの働《はたら》きぶりには感心させられる。　＊心に深く感じること

小さいころから鉄道に関心をもつ。　＊気にかかること

戦争《せんそう》が起きたらと思うと寒心にたえない。　＊おそれてぞっとすること

▶解答は別冊6ページ

26 同音異義語(2)　理解度チェック!

学習日　　月　　日

1 次の——線部のカタカナを、漢字に直しなさい。

□① ㋐ 問い合わせにカイトウする。（　　）
㋑ テストのカイトウを書き終える。（　　）

□② ㋐ ガイトウがついて、明るくなった。（　　）
㋑ ガイトウで、募金《ぼきん》運動をする。（　　）

□③ ㋐ スタンドをうめる大カンシュウ。（　　）
㋑ 町の、古くからのカンシュウに従《したが》う。（　　）

□④ ㋐ かれが来るというカクシンはない。（　　）
㋑ 技術《ぎじゅつ》カクシンの成果《せいか》が出る。（　　）

□⑤ ㋐ 石油カガク工業で発展《はってん》した町。（　　）
㋑ カガク技術が生活を豊《ゆた》かにしてきた。（　　）

2 次の——線部と同じ読み方で、□にあてはまる熟語《じゅくご》を書きなさい。

□① かぜが、ようやく快方に向かっている。
㋐ プロ野球の球場を、市民に□する。（　　）
㋑ 仕事から□されて、家へ帰る。（　　）

□② 一人分がいくらと仮定して、全体の経費《けいひ》を計算する。
㋐ 文学部の専門《せんもん》□で学ぶ。（　　）
㋑ 実験《じっけん》が成功《せいこう》するまでの□をふり返る。（　　）

□③ 自然環境《しぜんかんきょう》の悪化を思うと寒心にたえない。
㋐ 料理《りょうり》のうまさに□する。（　　）
㋑ 地球の環境問題に□をもつ。（　　）

□④ 長く上映《じょうえい》されている話題の映画を鑑賞する。
㋐ 水族館で、熱帯魚《ねったいぎょ》を□する。（　　）
㋑ さびしくて、□的《てき》な気持ちになる。（　　）

漢字

27 同音異義語(3)

入試必出要点　赤シートでくりかえしチェックしよう！

キカイ

そのうち、会う**機会**もあるだろう。
*何かをするのに、ちょうどよいとき

兄は**器械**体操《たいそう》が得意《とくい》だ。
*簡単《かんたん》な器具

最新《さいしん》の工作**機械**を導入《どうにゅう》する。
*動力で動く仕かけ

キカク

新しい**企画**を立て、実行に移《うつ》す。
*ある目的《もくてき》のために計画を立てること

工業製品《せいひん》には一定の**規格**がある。
*決められた基準《きじゅん》

キカン

作品を短い**期間**で仕上げる。
*ある一定の時期の間

大雨で、交通**機関**が乱《みだ》れている。
*ある働《はたら》きをする仕組み

消化**器官**が弱っていて、食欲《しょくよく》がない。
*体の中の、ある働きをする一部分

かぜで**気管**を痛《いた》め、せきこむ。
*のどから肺《はい》にかけての空気が通る管《くだ》

キゲン

人類《じんるい》の**起源**について書かれた本を読む。
*物事の始まりや起こり

紀元前に栄《さか》えたという古代国家。
*年数を数えるもととなる年

キコウ

日本の**気候**は変化《へんか》に富《と》んでいる。
*天気などの様子

行政《ぎょうせい》**機構**の改革《かいかく》が行われた。
*人の集団《しゅうだん》の仕組み、組織《そしき》

ヨーロッパを旅したときの**紀行**文を書く。
*旅の見聞《けんぶん》を書いたもの

体育館の**起工**式がとり行われた。
*工事を始めること

キセイ

駅のホームは**帰省**客で混雑《こんざつ》している。
*ふるさとへ帰ること

お祭りで、交通**規制**が行われた。
*制限《せいげん》すること

試合《しあい》が雨で中断《ちゅうだん》し、**気勢**がそがれた。
*勢《いきお》い、意気ごみ

キョウギ

陸上**競技**の大会で優勝《ゆうしょう》する。
*スポーツなどできそい合うこと

三者による**協議**の末《すえ》、結論《けつろん》が出た。
*集まって相談すること

キョウソウ

自然《しぜん》界の生存《せいぞん》**競争**は厳《きび》しい。
*争《あらそ》うこと

百メートル**競走**で日本新記録《きろく》が出た。
*走る速さをきそうこと

▶解答は別冊7ページ

27 同音異義語(3)　理解度チェック！

学習日　月　日

1 次の――線部がカタカナの読み方の熟語《じゅくご》になるように、□にあてはまる漢字を書きなさい。

□① キカイ
(ア) 再会《さいかい》する機□を待つ。（　）
(イ) 工場の故障《こしょう》した機□を直す。（　）
(ウ) 器□体操《たいそう》の練習をする。（　）

□② キカン
(ア) 報道《ほうどう》機□としての役割《やくわり》を果《は》たす。（　）
(イ) 工事を期□内に終わらせる。（　）
(ウ) 消化器□に異常《いじょう》はなかった。（　）

□③ キゲン
(ア) 紀□前五世紀の大昔。（　）
(イ) 生命の起□を追い求《もと》める。（　）

□④ キョウソウ
(ア) 門のところまで競□しよう。（　）
(イ) 売り上げ額《がく》を競□する。（　）

2 次の――線部のカタカナを、漢字に直しなさい。

□①
(ア) 体操キョウギ大会で優勝《ゆうしょう》する。（　）
(イ) 両者でキョウギして、結論《けつろん》を出す。（　）

□②
(ア) 新製品《せいひん》のキカクを定める。（　）
(イ) 絵の展覧会《てんらんかい》のキカクを立てる。（　）

□③
(ア) 正月に、家族そろってキセイする。（　）
(イ) 会場への入場人数をキセイする。（　）
(ウ) 試合《しあい》を前に、チームのキセイが上がる。（　）

□④
(ア) 一年を通して温暖《おんだん》なキコウの土地。（　）
(イ) ダム建設《けんせつ》のキコウ式を行う。（　）
(ウ) 物品の流通キコウを整備《せいび》する。（　）
(エ) タイへ行ったときのキコウ文を書く。（　）

漢字

28 同音異義語⑷

入試必出要点　赤シートでくりかえしチェックしよう！

ケイセイ

- チームは十五人で形成されている。　＊形作ること
- 試合《しあい》は、不利《ふり》な形勢を逆転《ぎゃくてん》して勝った。　＊物事の成《な》りゆき

ゲンショウ

- 町の人口が、しだいに減少している。　＊少なくなること
- にじは、雨上がりに見られる自然《しぜん》現象だ。　＊目に見える様子

ケントウ

- この先どうなるか、見当もつかない。　＊見こみ、目当て
- 問題点について、よく検討してみる。　＊調べてよく考えること

コウイ

- かれは、みんなに好意的《てき》にふるまう。　＊親切心、いいなと思う気持ち
- みなさまのご厚意に感謝《かんしゃ》いたします。　＊深い思いやりのある心

コウエン

- 市民《しみん》ホールで、劇団《げきだん》の公演が行われた。　＊人前で演《えん》じること
- 有名な学者の講演会に行く。　＊大ぜいの前で話すこと
- 若《わか》い役者が、難《むずか》しい役を好演した。　＊上手に演じること

コウセイ

- 文章の構成を考えながら書く。　＊全体の組み立て
- どんなときでも、公正な判断《はんだん》を下す。　＊平等で正しいこと
- かれの業績《ぎょうせき》は、後世に語りつがれるだろう。　＊のちの時代
- 厚生労働省《ろうどうしょう》の仕事について調べる。　＊生活を健康《けんこう》的なものに保《たも》つこと

コジン

- 故人のめい福を心からいのる。　＊なくなった人
- 話題について、個人的な考えを述《の》べる。　＊ひとりひとりの人

サイカイ

- 一年ぶりに、友人に再会した。　＊再《ふたた》び会うこと
- 中断《ちゅうだん》していた試合が再開された。　＊再び始めること

サイコウ

- 世界で最高の技術《ぎじゅつ》をほこる。　＊程度《ていど》が最《もっと》も高いこと
- その決定に再考の余地《よち》はない。　＊もう一度考え直すこと
- かつての名門の家を再興しようと試《こころ》みる。　＊再びさかんにすること

▶解答は別冊7ページ

28 同音異義語(4) 理解度チェック！

学習日　　月　　日

1 次の——線部のカタカナを、漢字に直しなさい。

□ ①
㋐ 店の売り上げがゲンショウする。（　　）
㋑ 冬の早朝に見られる自然《しぜん》ゲンショウ。（　　）

□ ②
㋐ 費用《ひよう》がいくらか、ケントウをつける。（　　）
㋑ 商品を二人でケントウしてから買う。（　　）

□ ③
㋐ 競技会《きょうぎかい》でサイコウの記録《きろく》を出す。（　　）
㋑ 仕事のやり方にサイコウの余地《よち》がある。（　　）
㋒ 経営難《けいえいなん》の会社をサイコウする。（　　）

□ ④
㋐ チームのメンバーコウセイを見直す。（　　）
㋑ 商品のコウセイな価格《かかく》を取り決める。（　　）
㋒ 事件《じけん》をコウセイの人々に伝《つた》える。（　　）
㋓ コウセイ労働大臣《ろうどうだいじん》が会見を開く。（　　）

2 次の——線部がカタカナの読み方の熟語《じゅくご》になるように、□に共通《きょうつう》してあてはまる漢字を書きなさい。

□ ① コウイ
・多くの方々のご厚□に助けられる。
・兄は、あの子に好□を寄《よ》せている。
（　　）

□ ② コジン
・今はなき故□をしのぶ会をもよおす。
・個□の権利《けんり》が尊重《そんちょう》される社会。
（　　）

□ ③ ケイセイ
・かれの活躍《かつやく》で、試合《しあい》の□勢が逆転《ぎゃくてん》した。
・人格《じんかく》が□成される時期を豊《ゆた》かに過《す》ごす。
（　　）

□ ④ サイカイ
・いとことの久しぶりの□会を喜《よろこ》ぶ。
・店を改装《かいそう》して、営業《えいぎょう》を□開する。
（　　）

□ ⑤ コウエン
・著名《ちょめい》な作家の講□が心に残《のこ》った。
・外国の音楽バンドの公□に出かける。
・かれは、映画《えいが》での好□が高く評価《ひょうか》された。
（　　）

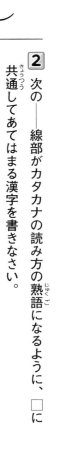

漢字

29 同音異義語(5)

入試必出要点　赤シートでくりかえしチェックしよう！

シジ

先生の**指示**に従《したが》って行動する。　＊指し示《しめ》すこと

私《わたし》は、あの人の意見を**支持**する。　＊賛成《さんせい》して後おしすること

ジシン

父は、体力には**自信**があるそうだ。　＊自分の力などを信《しん》じること

思わぬ好成績《こうせいせき》に、ぼく**自身**もおどろいた。　＊自分

ジタイ

時がたって、**事態**は悪化しつつあった。　＊物事の成《な》りゆき、ありさま

大会への出場を**辞退**する。　＊身を引くこと、断《ことわ》ること

ジテン

百科**事典**で野鳥について調べる。　＊事がらについて説明《せつめい》した本

国語**辞典**の引き方を確《たし》かめる。　＊言葉の意味や用法《ようほう》などを説明した本

シメイ

申しこみ用紙に、自分の**氏名**を記入する。　＊名字と名前

先生に**指名**されて、返事をする。　＊その人を指すこと

消防士《しょうぼうし》としての**使命**を果《は》たす。　＊あたえられた役目

シュウカン

早ね早起きの**習慣**を身につける。　＊身についた行い

交通安全**週間**が始まった。　＊七日間

水曜日に発売される**週刊**誌《し》。　＊週に一度発行すること

シュウセイ

書いた作文に**修正**を加《くわ》える。　＊よくない点を直すこと

動物の**習性**を研究する。　＊習慣《しゅうかん》によって身についた性質《せいしつ》

あれは**終生**忘《わす》れられないできごとだ。　＊一生を終えるまでの間

シュウトク

英会話の**習得**に努《つと》める。　＊習って身につけること

大学へ入り、建築《けんちく》学を**修得**する。　＊技術《ぎじゅつ》や学問などを身につけること

交番へ**拾得**物を届《とど》ける。　＊落とし物を拾うこと

ショウメイ

身分を**証明**するものを提出《ていしゅつ》する。　＊明らかにすること

照明が消え、映画《えいが》の上映が始まった。　＊明るく照《て》らすこと

▶解答は別冊7ページ

29 同音異義語(5)

理解度チェック！ 学習日 月 日

1 次の――線部と同じ読み方で、□にあてはまる熟語《じゅくご》を書きなさい。

□① ㋐ 自分の氏名と生年月日を書く。（　　）
㋑ □されて、「はい。」と返事をする。（　　）
㋑ あたえられた□をやりとげる。（　　）

□② ㋐ 苦労《くろう》を重ねて、学問を修得する。
㋐ □物の財布《さいふ》が交番へ届《とど》けられる。（　　）
㋑ フランス語の日常会話《にちじょう》を□する。（　　）

□③ わたり鳥の習性を研究する。
㋐ かいた絵に□を加《くわ》える。（　　）
㋑ 十代後半に□の友と出会う。（　　）

□④ 夏休みも、あと一週間で終わりだ。
㋐ 書店で□の雑誌《ざっし》を買う。（　　）
㋑ 夏休みに読書の□をつける。（　　）

2 次の――線部のカタカナを、漢字に直しなさい。

□① ㋐ 縦《たて》一列に並《なら》ぶようにとシジする。（　　）
㋑ 多くの人々のシジを集め、当選《とうせん》した。（　　）

□② ㋐ 自分の無実《むじつ》をショウメイする。（　　）
㋑ 室内のショウメイをつける。（　　）

□③ ㋐ 練習のおかげでジシンがついた。（　　）
㋑ 自分ジシンの意見を述《の》べる。（　　）

□④ ㋐ 姉が英和《えいわ》ジテンを使いこなす。（　　）
㋑ 図書館で百科ジテンを読む。（　　）

□⑤ ㋐ 落ち着いてジタイを見きわめる。（　　）
㋑ けがで試合《しあい》への出場をジタイする。（　　）

漢字

30 同音異義語(6)

入試必出要点　赤シートでくりかえしチェックしよう！

シンロ

卒業《そつぎょう》後の**進路**を考える。
*進んでいく方向

船の**針路**を北北西にとる。
*船や飛行機《ひこうき》などが進む方向

セイサン

簡単《かんたん》ではないが、**成算**はある。
*物事が成功《せいこう》する見こみ

ここまでの運賃《うんちん》を**精算**する。
*くわしく計算し直すこと

働《はたら》いて借金《しゃっきん》を**清算**する。
*きれいに始末《しまつ》をつけること

タイショウ

小学校の高学年を**対象**とした調査《ちょうさ》。
*働きかける相手

兄と弟は**対照**的《てき》な性格《せいかく》だ。
*正反対であること

左右**対称**の図形をかく。
*つり合っていること

タイセイ

日本は資本主義《しほんしゅぎ》の国家**体制**だ。
*社会の仕組み

ボールを投げる**体勢**に入る。
*体のかまえ

客の受け入れ**態勢**が整った。
*準備《じゅんび》ができた様子

ツイキュウ

だれもが幸福を**追求**している。
*どこまでも追い求《もと》めること

学問の真理を**追究**する。
*つきつめて明らかにすること

事故《じこ》を起こした責任《せきにん》を**追及**する。
*追いつめること、問いつめること

ホケン

保健衛生《えいせい》面に気をつける。
*健康《けんこう》を守ること

父は生命**保険**に入っている。
*病気などのときにお金を得《え》る制度《せいど》

ホショウ

かれの身元の**保証**人になる。
*確《たし》かだとうけあうこと

国家が国民《こくみん》の安全を**保障**する。
*害《がい》がないように守ること

交通事故《じこ》の**補償**金をはらう。
*損害《そんがい》を補《おぎな》ってつぐなうこと

ヨウリョウ

カップの**容量**いっぱいに水を入れる。
*入れ物の中に入る量《りょう》

この薬の**用量**は、一回二錠《じょう》だ。
*定められた分量

弟の話は、さっぱり**要領**を得《え》ない。
*大切な点、要点《ようてん》

▶解答は別冊7ページ

30 同音異義語(6) 理解度チェック!

学習日　月　日

1 次の――線部のカタカナを、漢字に直しなさい。

□①
㋐ 火災《かさい》ホケンに加入《かにゅう》する。（　）
㋑ ホケン所からの知らせを読む。（　）

□②
㋐ 社会主義《しゅぎ》タイセイをとる国。（　）
㋑ 石につまずいて、タイセイがくずれた。（　）
㋒ 飛行機《ひこうき》が着陸《ちゃくりく》タイセイに入る。（　）

□③
㋐ あの二人の考え方はタイショウ的《てき》だ。（　）
㋑ 森の生き物をタイショウとした調査《ちょうさ》。（　）
㋒ 左右タイショウのデザイン。（　）

□④
㋐ 容器《ようき》のヨウリョウが少ない。（　）
㋑ ヨウリョウを得《え》ない話にとまどう。（　）
㋒ 薬に定められたヨウリョウを守る。（　）

2 次の――線部がカタカナの読み方の熟語《じゅくご》になるように、□にあてはまる漢字を書きなさい。

□① シンロ
㋐ 飛行機が□路を東にとる。（　）
㋑ 友人と、将来《しょうらい》の□路を語り合う。（　）

□② ホショウ
㋐ 安全保□条約《じょうやく》を結《むす》ぶ。（　）
㋑ 商品の品質《ひんしつ》を保□する。（　）

□③ セイサン
㋐ 借《か》りたお金を□算する。（　）
㋑ この戦いに□算はある。（　）
㋒ 乗りこし料金《りょうきん》を□算する。（　）

□④ ツイキュウ
㋐ 責任《せきにん》を追□する。（　）
㋑ 真理を追□する。（　）
㋒ 利益《りえき》を追□する。（　）

31 同訓異字(1)

入試必出要点　赤シートでくりかえしチェックしよう！

同訓異字《どうくん》とは？

異《こと》なる漢字を使い、意味もちがうが、訓読みが同じという言葉がある。これを**同訓異字**という。

アける
- 空気を入れかえるために、窓《まど》を**開**ける。　＊閉《と》じていたものを開く
- 夜が**明**けると、雪が積《つ》もっていた。　＊ある期間が過《す》ぎる
- 二人分の座席《ざせき》を**空**ける。　＊穴《あな》やすき間を作る

アタタかい
- 母が作った**温**かい料理《りょうり》を食べる。　＊温度がちょうどいい
- ぽかぽかと**暖**かい春の日。　＊気温がちょうどいい

アツい
- **熱**いスープを冷《さ》ましながら飲む。　＊温度が高い
- 七月になって、**暑**い日が続《つづ》いている。　＊気温が高い
- 本だなに、**厚**い本が並《なら》んでいる。　＊表と裏《うら》のへだたりが大きい

アヤマる
- 算数のテストで、解《と》き方を**誤**る。　＊まちがえる
- 自分のあやまちに気づいて、すなおに**謝**る。　＊おわびをする

アラワす
- 感じたことを言葉で**表**す。　＊はっきりと表に出す
- グラウンドに選手《せんしゅ》が姿《すがた》を**現**す。　＊かくれていたものを見せる
- これまでの体験《たいけん》を本に**著**す。　＊書物にして世の中に出す

ウつ
- 激《はげ》しい雨が窓ガラスを**打**つ。　＊たたく、ぶつける
- 若武者《わかむしゃ》が父の敵《かたき》を**討**つ。　＊たおす、やっつける
- 遠くの的《まと》をライフル銃《じゅう》で**撃**つ。　＊たまを発射《はっしゃ》する

ウツす
- 黒板に書かれた解《と》き方をノートに**写**す。　＊そのままかき表す
- 山が美しい姿を湖面に**映**す。　＊他のものの表面に表す
- 住居《じゅうきょ》を都会から田舎《いなか》へ**移**す。　＊別《べつ》の所へ動かす

オう
- 警察《けいさつ》が犯人《はんにん》のゆくえを**追**う。　＊追いかける
- この件《けん》については、私《わたし》が責任《せきにん》を**負**う。　＊引き受ける

▶解答は別冊8ページ

31 同訓異字(1)　理解度チェック！

学習日　　月　　日

1 次の――線部のカタカナを、漢字に直しなさい。

□①
㋐ 家に帰り、アタタかいふろに入る。
㋑ 十二月にしては、アタタかい日だ。

□②
㋐ 柔道《じゅうどう》で、弟が負けた選手《せんしゅ》に兄が敵《かたき》をウつ。
㋑ 投手が投げた変化《へんか》球をウつ。

□③
㋐ テーブルをかべぎわへウツす。
㋑ 教科書の図を、ノートにウツす。
㋒ 洗面《せんめん》所の鏡《かがみ》に顔をウツす。

□④
㋐ ダンボールの箱に穴《あな》をアける。
㋑ 年がアけると、入試《にゅうし》も目の前だ。
㋒ 毎日、午前十時に店をアける。

（　　）（　　）（　　）（　　）（　　）（　　）（　　）（　　）（　　）（　　）

2 次の各組《かくくみ》の□には、同じ読み方の漢字が入ります。それぞれの漢字を書きなさい。

□①
㋐ 「ごめんなさい。」と□る。
㋑ 運転を□って、へいにぶつかりそうになる。

□②
㋐ 走って兄のあとを□う。
㋑ 大きな責任《せきにん》を□う仕事。

□③
㋐ 今のすなおな気持ちを言葉に□す。
㋑ 先生が会場に姿《すがた》を□す。
㋒ 魚類《ぎょるい》についての研究書を□す。

□④
㋐ 気温が上がり、□くなってきた。
㋑ □い雲におおわれ、暗くなってきた。
㋒ □いコーヒーを少し冷《さ》ましてから飲む。

（　　）（　　）（　　）（　　）（　　）（　　）（　　）（　　）（　　）（　　）

32 同訓異字(2)

入試必出要点　赤シートでくりかえしチェックしよう！

オサめる

- 国王が、国を平和に**治**める。　＊しずめる、安定させる
- 苦労《くろう》を重ねて、学問を**修**める。　＊身につける
- 今年度の税金《ぜいきん》を**納**める。　＊相手にわたす
- 新しい事業で成功《せいこう》を**収**める。　＊もたらす、手に入れる

オる

- 美しい模様《もよう》の布《ぬの》を**織**る。　＊糸を組み合わせて布を作る
- 拾った木の枝《えだ》をポキンと**折**る。　＊曲げる、曲げて切りはなす

カう

- 駅前の店で洋服を**買**う。　＊お金で手に入れる
- 親せきからもらった子犬を**飼**う。　＊動物を育てる

カタ

- 河原《かわら》で卵《たまご》**形**の石を拾う。　＊物の形
- 重い荷物を**片**手で持つ。　＊片方
- かれとぼくの血液《けつえき》**型**は同じだ。　＊決まった形式、もとになる形

カワ

- みかんの**皮**をむく。　＊外側《そとがわ》をおおい包《つつ》んでいるもの
- 愛用《あいよう》している**革**のバッグ。　＊動物の皮をなめしたもの

キく

- 森の中で、野鳥の鳴き声を**聞**く。　＊耳で感じる、たずねる
- この薬は、かぜによく**効**く。　＊効《き》き目がある
- 自転車のブレーキが**利**く。　＊すぐれた働《はたら》きをする

キる

- のこぎりで板を**切**る。　＊刃物《はもの》などで物を分ける、終わらせる
- はだ寒くなってきたので、上着を**着**る。　＊衣服《いふく》を身につける

キワめる

- 芸術家《げいじゅつか》としての道を**究**める。　＊本質《ほんしつ》をつかむ
- 救出《きゅうしゅつ》活動が困難《こんなん》を**極**める。　＊ぎりぎりの状態《じょうたい》まで行きつく

サす

- 磁石《じしゃく》の針《はり》が北を**指**す。　＊方向を示《しめ》す、指名する
- 武士《ぶし》が、二本の刀をこしに**差**す。　＊差《さ》しこむ

▶解答は別冊8ページ

32 同訓異字(2) 理解度チェック！

学習日　月　日

1 次の――線部と同じ読み方で、□にあてはまる漢字を書きなさい。

□① 書店で一さつの童話の本を買う。
● 知り合いからもらってきた子ねこを□う。（　）

□② 先生の話をよく聞く。
㋐ 発熱《はつねつ》や頭痛《ずつう》によく□く薬。（　）
㋑ かれは体力があり、無理《むり》が□く。（　）

□③ 片道の乗車券《けん》だけを持っている。
㋐ 最新《さいしん》の□の乗用車に乗る。（　）
㋑ 雪の上に足の□がつく。（　）

□④ 国と国との争《あらそ》いを治める。
㋐ 会計係の人に会費《かいひ》を□める。（　）
㋑ 留学《りゅうがく》して、医学を□める。（　）
㋒ 思いきった方法《ほうほう》で成果《せいか》を□めた。（　）

2 次の――線部のカタカナを、漢字に直しなさい。

□①
㋐ 遠足の日を指オり数えて待つ。（　）
㋑ 着物用の布を、手作業でオる。（　）

□②
㋐ 包丁《ほうちょう》で、りんごのカワをむく。（　）
㋑ 新しいカワぐつをはく。（　）

□③
㋐ ふろからあがってパジャマをキる。（　）
㋑ テレビの電源《でんげん》をキって出かける。（　）

□④
㋐ 先生が生徒《せいと》をサして答えさせる。（　）
㋑ カーテンのすき間から、朝日がサす。（　）

□⑤
㋐ 学問の真理をキワめようとする。（　）
㋑ 栄華《えいが》をキワめた王国がほろびる。（　）

漢字

33 同訓異字(3)

入試必出要点　赤シートでくりかえしチェックしよう！

サめる

毎朝、六時ごろに目が**覚**める。　＊目覚《めざ》める

時間がたって、お茶が**冷**める。　＊温度が下がる

シオ

味がうすいので、**塩**を少々加《くわ》える。　＊調味料《ちょうみりょう》の一つで塩からい味のもの

夕方になり、**潮**がだんだん満ちてきた。　＊海水が満《み》ち引きする現象《げんしょう》

スむ

北海道に**住**む祖父母《そふぼ》の家へ行く。　＊生活する

これは、謝《あやま》って**済**むことではない。　＊終わる

雲一つない秋の空が、青く**澄**む。　＊にごりがなくきれいである

セめる

相手のちょっとしたミスを**責**める。　＊とがめる

対戦《たいせん》相手のゴールを激《はげ》しく**攻**める。　＊戦《たたか》いをしかける

ソナえる

食料をたくわえて、災害《さいがい》に**備**える。　＊用意する

先祖代々の墓《はか》に花を**供**える。　＊ささげる

タつ

先生に指名されて、いすから**立**つ。　＊まっすぐになる、起き上がる

駅前に大きなビルが**建**つそうだ。　＊建物《たてもの》ができる

雪山に入ったまま、消息を**絶**つ。　＊なくす、終わらせる

姉は、一週間あまいものを**断**つそうだ。　＊やめる、さえぎる

はさみで白い布地《ぬのじ》を**裁**つ。　＊布や糸を切る

ツく

シャツのそでに、しみが**付**く。　＊くっつく

電車が少しおくれて駅に**着**く。　＊届《とど》く

父が、四月から新しい仕事に**就**く。　＊ある役目になる

ツトめる

問題点の早期解決《かいけつ》に**努**める。　＊力をつくす

兄が出版社《しゅっぱんしゃ》に**勤**めることになった。　＊仕事をする

重要《じゅうよう》な会議《かいぎ》で進行係を**務**める。　＊役目をする

▶解答は別冊8ページ

理解度チェック！

学習日　　月　　日

1 次の――線部のカタカナを、漢字に直しなさい。

□① ㋐ 目がサめるような美しい光景《こうけい》。
㋑ ゲームに夢中《むちゅう》だったが、今は熱《ねつ》がサめた。

□② ㋐ スんでしまったことはしかたがない。
㋑ アメリカに、五年間スんでいた。

□③ ㋐ 仏《ぶつ》だんに花をソナえて拝《おが》む。
㋑ 復習《ふくしゅう》して、テストにソナえる。

□④ ㋐ 今度はこちらがセめる番だ。
㋑ 失敗《しっぱい》をそんなにセめてはかわいそうだ。

□⑤ ㋐ 自動車の後部に傷《きず》がツいている。
㋑ 休み時間が終わり、自分の席《せき》にツく。
㋒ 将来《しょうらい》は教育関係《かんけい》の仕事にツきたい。

2 次の各組《かくくみ》の□には、同じ読み方の漢字が入ります。それぞれの漢字を書きなさい。

□① ㋐ 海は、ちょうど引き□のころだ。
㋑ 魚に軽く□をふってから焼《や》く。

□② ㋐ たのまれて、パーティーの司会《しかい》を□める。
㋑ 長く□めた会社を退社《たいしゃ》する。
㋒ 店のサービスの向上に□める。

□③ ㋐ 話し合いのとちゅうで席《せき》を□つ。
㋑ 開発が進み、新しい家がどんどん□つ。
㋒ かれが連絡《れんらく》を□ってから五日が過《す》ぎた。
㋓ 敵《てき》の背後《はいご》に回り、退路《たいろ》を□つ。
㋔ 布《ぬの》を□ち、ぬい合わせて服を作る。

漢字

34 同訓異字(4)

入試必出要点　赤シートでくりかえしチェックしよう！

トく

複雑《ふくざつ》な事件《じけん》のなぞを解く。 ＊答えを出す

教会の神父が、神の教えを説く。 ＊説明《せつめい》してわからせる

トトノえる

外出するので、身なりを整える。 ＊きちんとした状態《じょうたい》にする

新しい生活に必要《ひつよう》な物を調える。 ＊そろえる、用意する

トまる

電動の機械《きかい》が、故障《こしょう》して止まる。 ＊動かなくなる

心に留まるできごとを記す。 ＊とどまる、消えずに残《のこ》る

トる

気に入った品物を手に取る。 ＊持つ、自分のものにする

春の野山で山菜《さんさい》を採る。 ＊集める、選《えら》びとる

夏の森でかぶと虫を捕る。 ＊つかまえる

ナオす

作文で、まちがえた字を直す。 ＊正しい状態にする

薬を飲んで、病気を治す。 ＊病気やけがをよくする

ナく

幼《おさな》い女の子が、大声で泣く。 ＊なみだを流す

すずめがチュンチュン鳴く。 ＊(動物や虫が) 声や音を出す

ナる

寺のかねがゴーンと鳴る。 ＊音がひびく

この小説《しょうせつ》は上巻《じょうかん》と下巻から成る。 ＊組み立てられている、できあがる

ノゾむ

あなたの合格《ごうかく》を心から望む。 ＊願《ねが》う

湖に臨むホテルにとまる。 ＊面する

ノびる

悪天候《あくてんこう》で、運動会が来週に延びる。 ＊時間が長びく、先送りされる

この一年で、背《せ》たけがぐんと伸びる。 ＊長くなる

ノボる

サケは、産卵《さんらん》のために川を上る。 ＊下から上へ動く

県内で最《もっと》も高い山に登る。 ＊高い所へ行く

日が昇るころには、雨はやんでいるだろう。 ＊空中へ上がる

▶解答は別冊8ページ

理解度チェック!

学習日　　月　　日

1 次の——線部のカタカナを、漢字に直しなさい。

□① ㋐ 病院に通って、けがをナオす。
㋑ 悪いくせをナオそうと努力《どりょく》する。

□② ㋐ 野原で、こおろぎがナいている。
㋑ 映画《えいが》を見て感動し、ナいている。

□③ ㋐ 台風のため、電車の運行がトまる。
㋑ かれの言った言葉が心にトまる。

□④ ㋐ 算数の難問《なんもん》をトくことができた。
㋑ 先生が、人の道をトいて聞かせる。

□⑤ ㋐ だれもが、平和をノゾんでいる。
㋑ 海にノゾむ小さな旅館。

2 次の——線部と同じ読み方で、□にあてはまる漢字を書きなさい。

□① 少量《しょうりょう》の塩《しお》、こしょうで、料理《りょうり》の味を調える。
● 乱《みだ》れた隊列《たいれつ》を、元のように□える。

□② 遠くの空で、かみなりが鳴る。
● この物語は大作で、十冊《さつ》から□る。

□③ あさがおのつるが、ぐんぐん伸びる。
● 決着がつかず、試合《しあい》時間が□びる。

□④ 漁師《りょうし》が、海で大きな魚を捕る。
㋐ 容器《ようき》に入っていたおかしを一つ□る。
㋑ 十人ほどの新入社員を□る。

□⑤ 日がしずみ、十五夜の月が昇る。
㋐ 水害《すいがい》による被害額《ひがいがく》が、数億《すうおく》円にも□る。
㋑ 高い木に□って枝《えだ》を切る。

漢字

35 同訓異字⑸

入試必出要点　赤シートでくりかえしチェックしよう！

ハえる

庭の花だんに雑草《ざっそう》が**生**える。　＊育ってくる

秋の夕日に**映**える山なみ。　＊美しく見える

ハカる

五十メートル走のタイムを**計**る。　＊時間や数を調べる

入り口から出口までの距離《きょり》を**測**る。　＊長さや深さなどを調べる

練習方法を見直し、チームカの強化を**図**る。　＊試《こころ》みる、計画する

ふろからあがり、体重を**量**る。　＊重さや量《りょう》などを調べる

ハナす

学校でのできごとについて、母に**話**す。　＊言葉で言って伝《つた》える

牛を高原の牧草地《ぼくそうち》に**放**す。　＊自由にする

使いやすいように、机《つくえ》と本だなを**離**す。　＊間を空ける

ハヤい

朝の、まだ**早**い時刻《じこく》に出かける。　＊時間がたっていない

あの子は、クラスでいちばん足が**速**い。　＊スピードがある

へる

この一週間で、体重が少し**減**る。　＊少なくなる

長い年月を**経**て、ダムがようやく完成《かんせい》した。　＊時間がたつ

モト

読んだ本を**元**の場所へもどす。　＊初《はじ》めのところ、前のときの様子

体験《たいけん》を**基**に、作文を書く。　＊土台となるもの

夏の太陽の**下**で、元気に遊ぶ。　＊あるもののえいきょうを受けるところ

ヤサしい

あの子は、動物好《ず》きの**優**しい子だ。　＊思いやりがある

易しい問題から、順《じゅん》に解《と》いていく。　＊わかりやすい、簡単《かんたん》だ

ヤブれる

おしくも一点差《さ》で試合《しあい》に**敗**れる。　＊負ける

シャツのそでが、枝《えだ》に引っかかって**破**れる。　＊さける、だめになる

ワザ

反復《はんぷく》練習して、器械体操《きかいたいそう》の**技**をみがく。　＊技術《ぎじゅつ》、技能《ぎのう》

この険《けわ》しい山を登るのは至難《しなん》の**業**だ。　＊行い、仕事

▶解答は別冊8ページ

35 同訓異字(5) 理解度チェック!

学習日 月 日

1 次の各組《かくくみ》の□には、同じ読み方の漢字が入ります。それぞれの漢字を書きなさい。

① ㋐ ドアの向こうから□し声が聞こえる。（　）
㋑ 犬を□し飼《が》いにはしない。（　）

② ㋐ 雨で水かさが増《ま》し、流れが□い川。（　）
㋑ ここであきらめるのは、まだ□い。（　）

③ ㋐ だれもが正解《せいかい》できる□しい計算問題。（　）
㋑ 姉が、泣《な》いている妹を□しくなぐさめる。（　）

④ ㋐ 試合《しあい》に□れて、くやしなみだを流す。（　）
㋑ 物をつめこみすぎて、紙ぶくろが□れた。（　）

⑤ ㋐ あの柔道家《じゅうどうか》は、すぐれた□をもっている。（　）
㋑ あの城《しろ》にしのびこむのは、至難《しなん》の□だ。（　）

2 次の――線部のカタカナを、漢字に直しなさい。

① ㋐ 多くの困難《こんなん》をヘて、夢《ゆめ》が実現《じつげん》した。（　）
㋑ 町の人口が少しずつヘってきた。（　）

② ㋐ 春、野原に草花がハえてくる。（　）
㋑ 五月の空にハえるこいのぼり。（　）

③ ㋐ こわれたおもちゃをモト通りに直す。（　）
㋑ 集めた資料《しりょう》をモトに、小論文《しょうろんぶん》を書く、（　）
㋒ 先生の指導《しどう》のモトに研究する。（　）

④ ㋐ かぜぎみなので、体温をハカってみる。（　）
㋑ 肉を百グラムずつハカって、分けておく。（　）
㋒ 公園にある池の深さをハカる。（　）
㋓ 会議《かいぎ》をして、問題点の解決をハカる。（　）

36 送りがな

入試必出要点 赤シートでくりかえしチェックしよう！

送りがなのきまり

①語尾《ごび》が変化《へんか》する言葉は、**変化する部分**から送る。
例 泳ぐ→泳がナイ・泳ぎマス・泳げバ・泳ごウ

②「…しい」の形の形容詞《けいようし》は「**し**」から送る。 例 美しい

③「**か・やか・らか**」のある形容動詞《けいようどうし》は、**そこ**から送る。
例 静《しず》かだ 和《なご》やかだ 明らかだ

④読みまちがえないように、**変化する部分の前**から送る言葉がある。 例 味わう 異《こと》なる 大きい

⑤名詞《めいし》で、**最後《さいご》の一音**を送る言葉がある。 例 後ろ 幸せ

⑥名詞以外《いがい》の語尾が変化しない言葉は、**最後の一音**を送る。
例 必《かなら》ず 全く 来《きた》る

石を拾う《ひろう》。
短い《みじかい》ひも。
カードを集める《あつめる》。

少し《すこし》の量《りょう》。
人が少ない《すくない》。
最も《もっとも》近い。

険しい《けわしい》山々。
ここは危ない《あぶない》。
冷たい《つめたい》水。

息が苦しい《くるしい》。
この薬は苦い《にがい》。
幸い《さいわい》にも無事《ぶじ》だ。

再び《ふたたび》会う。
先生が導く《みちびく》。
勢い《いきおい》よく走る。

正しい行い《おこない》。
電車を降りる《おりる》。
仕事を任せる《まかせる》。

一歩退く《しりぞく》。
厳しい《きびしい》現実《げんじつ》。
答えを確かめる《たしかめる》。

畑を耕す《たがやす》。
申し出を断る《ことわる》。
実験《じっけん》を試みる《こころみる》。

妹が喜ぶ《よろこぶ》顔。
時間を費やす《ついやす》。
用件《ようけん》を承る《うけたまわる》。

家族を養う《やしなう》。
自信《じしん》を失う《うしなう》。
快い《こころよい》音楽。

指示《しじ》に従う《したがう》。
不足《ふそく》を補う《おぎなう》。
発展《はってん》が著しい《いちじるしい》。

人に逆らう《さからう》。
医師《いし》を志す《こころざす》。
大きさを比べる《くらべる》。

料理店《りょうり》を営む《いとなむ》。
行動を省みる《かえりみる》。
難しい《むずかしい》問題。

八月の半ば《なかば》。
道具を用いる《もちいる》。
恩《おん》に報いる《むくいる》。

便り《たより》が届《と》く。
健やか《すこやか》に育つ。
幼い《おさない》兄弟。

潔い《いさぎよい》態度《たいど》。
山々が連なる《つらなる》。
災い《わざわい》が起こる。

機械《きかい》を操る《あやつる》。
生徒《せいと》を率いる《ひきいる》。
勇ましい《いさましい》人。

▶解答は別冊9ページ

36 送りがな　理解度チェック！

学習日　月　日

1 次の言葉を、漢字を使って表すとどうなりますか。その送りがなを、（　）にひらがなで書きなさい。

- □① すこし……少（　）
- □② すくない…少（　）
- □③ にがい……苦（　）
- □④ くるしい…苦（　）
- □⑤ しあわせ…幸（　）
- □⑥ さいわい…幸（　）
- □⑦ ひろう……拾（　）
- □⑧ おりる……降（　）
- □⑨ かならず…必（　）
- □⑩ おこない…行（　）
- □⑪ みじかい…短（　）
- □⑫ あつめる…集（　）
- □⑬ もっとも…最（　）
- □⑭ けわしい…険（　）
- □⑮ つめたい…冷（　）
- □⑯ あぶない…危（　）
- □⑰ ふたたび…再（　）
- □⑱ いきおい…勢（　）
- □⑲ すこやか…健（　）
- □⑳ あやつる…操（　）

2 次の――線部のカタカナを、漢字と送りがなで書きなさい。

- □① 部屋のそうじを姉にマカセル。（　）
- □② 戦士《せんし》のイサマシイ立ち姿《すがた》。（　）
- □③ こわくなって、思わずシリゾク。（　）
- □④ さそわれたが、コトワル。（　）
- □⑤ 兄が、音楽家をココロザス。（　）
- □⑥ 農家の人が畑をタガヤス。（　）
- □⑦ ココロヨイ風がふいてくる。（　）
- □⑧ 列車の発車時刻《じこく》をタシカメル。（　）
- □⑨ 料理《りょうり》の注文をウケタマワル。（　）
- □⑩ 新しい方法《ほうほう》をココロミル。（　）
- □⑪ 技術《ぎじゅつ》の進歩がイチジルシイ。（　）

37 漢字の部首

入試必出要点 赤シートでくりかえしチェックしよう！

部首とは？

漢字を組み立てている部分のうち、漢字を分類《ぶんるい》する基準《きじゅん》となるものを**部首**といい、大きく次の**七種類**《しゅるい》に分けられる。

へん（左側《ひだりがわ》）

つくり（右側）

かんむり（上）

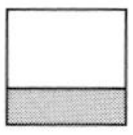
あし（下）

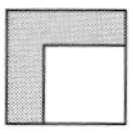
たれ（上→左）

にょう（左→下）

かまえ（囲《かこ》む部分）（四つの型《かた》がある。）

部首	部首名	漢字
木	きへん	村・横
冫	にすい	冬・冷
扌	てへん	指・持
阝	こざとへん	院・陸
言	ごんべん	話・計
礻	しめすへん	社・福
禾	のぎへん	秋・秒
釒	かねへん	鉄・銀
方	かたへん	旅・族

部首	部首名	漢字
亻	にんべん	休・仕
氵	さんずい	池・浅
彳	ぎょうにんべん	往・徒
忄	りっしんべん	情・快
糸	いとへん	紙・級
衤	ころもへん	補・複
月	にくづき	腹・胸
土	つちへん	地・坂
犭	けものへん	犯・独

部首	部首名	漢字
刂	りっとう	利・別
阝	おおざと	都・郡
攵	のぶん・ぼくにょう	教・放
隹	ふるとり	雑・難
宀	うかんむり	実・守
耂	おいかんむり	考・老
穴	あなかんむり	空・究
人	ひとやね	会・令
儿	ひとあし	元・兄
心	こころ・したごころ	思・志
厂	がんだれ	原・厚
疒	やまいだれ	病・痛
辶	しんにょう しんにゅう	辺・遠
囗	くにがまえ	国・図
匚	かくしがまえ	区・医

部首	部首名	漢字
頁	おおがい	頭・順
力	ちから	助・功
欠	あくび	歌・欲
亠	なべぶた	交・京
艹	くさかんむり	花・葉
癶	はつがしら	発・登
⺮	たけかんむり	答・節
罒	あみがしら・よこめ	置・署
灬	れんが・れっか	照・熱
皿	さら	益・盛
广	まだれ	広・康
尸	しかばね	局・屋
廴	えんにょう	建・延
門	もんがまえ	開・関
行	ぎょうがまえ ゆきがまえ	街・術

▶解答は別冊9ページ

1 次の漢字の赤い部分は、□のどれに分類《ぶんるい》されますか。□に記号で答えなさい。また、その部分の名前（部首名）を（ ）に書きなさい。

① 京 □（ ）
② 持 □（ ）
③ 郵 □（ ）
④ 功 □（ ）
⑤ 発 □（ ）
⑥ 益 □（ ）
⑦ 冷 □（ ）
⑧ 康 □（ ）
⑨ 遠 □（ ）
⑩ 腹 □（ ）
⑪ 刊 □（ ）
⑫ 閉 □（ ）
⑬ 志 □（ ）
⑭ 福 □（ ）
⑮ 犯 □（ ）
⑯ 守 □（ ）

ア へん　イ つくり　ウ かんむり
エ あし　オ たれ　カ にょう
キ かまえ

2 次の漢字の部首名を書きなさい。

① 菜（ ）
② 熱（ ）
③ 浅（ ）
④ 局（ ）
⑤ 延（ ）
⑥ 兄（ ）
⑦ 原（ ）
⑧ 術（ ）
⑨ 順（ ）
⑩ 院（ ）
⑪ 究（ ）
⑫ 秒（ ）
⑬ 歌（ ）
⑭ 節（ ）
⑮ 因（ ）
⑯ 放（ ）
⑰ 試（ ）
⑱ 得（ ）
⑲ 考（ ）
⑳ 痛（ ）
㉑ 複（ ）
㉒ 快（ ）

38 漢字の画数・筆順

入試必出要点　赤シートでくりかえしチェックしよう！

■画数・筆順《ひつじゅん》とは？

漢字を組み立てている一つ一つの点や線を画といい、一つの漢字の画の数を画数（総《そう》画数）という。また、一つの漢字を書くときの一画一画の順序《じゅんじょ》を、筆順という。

例　性…丶　忄　忄　忙　忙　忤　性　性　→ 8画
筆順　総画数

■漢字の画数（総画数）を答えなさい。

医 → 7画　「L」は一画
印 → 6画　「卩」は二画
第 → 11画　「弓」は三画
版 → 8画　「片」は四画
考 → 6画　「5」は二画
海 → 9画　「毋」は四画
届 → 8画　「尸」は三画
犯 → 5画　「㔾」は二画

究 → 7画　「九」は二画
配 → 10画　「己」は三画
乱 → 7画　「L」は一画
建 → 9画　「廴」は三画
混 → 11画　「比」は四画
書 → 10画　「⺕」は三画
段 → 9画　「𠂢」は五画
胸 → 10画　「凶」は四画

近 → 7画　「辶」は三画
院 → 10画　「阝」は三画
句 → 5画　「勹」は二画
帳 → 11画　「巾」は三画
帯 → 10画　「卌」は五画
断 → 11画　「L」は一画
隊 → 12画　「豕」は六画
報 → 12画　「𠬝」は四画

■漢字の色のこい部分が何画目かを答えなさい。

・ノナオ右右
右…2画目（全5画）

・一十廿廿世
世…4画目（全5画）

・丨丩収収
収…1画目（全4画）

・丨厂厂円円臣臣
臣…2画目（全7画）

・丨厂厂厈厈馬馬馬
馬…3画目（全10画）

・丶ラネネ初初
初…4画目（全7画）

・丶亠广广广庂座座
座…8画目（全10画）

・ノ九卆杂杂新雑雑雑
雑…10画目（全14画）

・丿刀月月肌服服
服…6画目（全8画）

・ノ𠂉仁午𠂊無無無無
無…4画目（全12画）

・一ナ左左左
左…1画目（全5画）

・丿丬丬兆兆兆
兆…3画目（全6画）

・丿刀月月用
用…5画目（全5画）

・丶ソ义必必
必…3画目（全5画）

・ノメ产产希希
希…4画目（全7画）

・フタ癶癶癶発発
発…4画目（全9画）

・乙乙飞飞飛飛飛
飛…4画目（全9画）

・ノ二三手垂垂垂郵
郵…3画目（全11画）

・丶丷ビ半米米米料料
料…9画目（全10画）

・丨卜卜广户卢卢虏豦豦劇
劇…4画目（全15画）

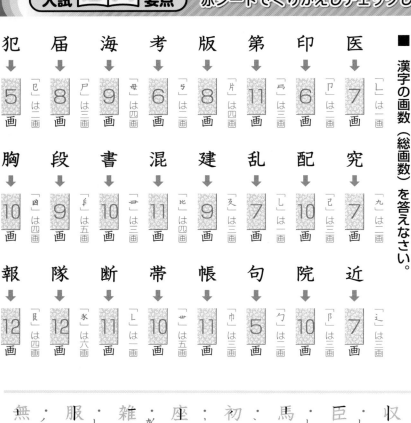

▶解答は別冊9ページ

理解度チェック！

学習日　　月　　日

1 次の漢字の画数（総《そう》画数）を、数字で答えなさい。

□①句→（　）画
□②近→（　）画
□③院→（　）画
□④考→（　）画
□⑤乱→（　）画
□⑥建→（　）画
□⑦帯→（　）画
□⑧究→（　）画
□⑨配→（　）画
□⑩混→（　）画
□⑪医→（　）画
□⑫第→（　）画
□⑬版→（　）画
□⑭帳→（　）画
□⑮届→（　）画
□⑯胸→（　）画

2 次の赤い部分は何画目に書きますか。数字で答えなさい。

□①右→（　）画目
□②座→（　）画目
□③郵→（　）画目
□④雑→（　）画目

3 次の漢字の筆順《ひつじゅん》を、例にならって、（　）を補《おぎな》う形で書きなさい。

例 印…ノ ｢ F E （E丁）（印）

□①世…一 十 （　）（　）世
□②収…（　）（　）（　）収 収
□③用…丿 冂 （　）（　）（　）用
□④必…丶（　）（　）（　）必 必
□⑤初…丶 ㇇ （　）（　）（　）（　）初 初
□⑥臣…（　）（　）（　）（　）臣 臣 臣 臣
□⑦希…ノ メ （　）（　）（　）希 希 希
□⑧発…（　）（　）（　）（　）発 発 発 発
□⑨飛…乙 飞 飞 （　）（　）（　）飛 飛 飛
□⑩馬…丨 厂 （　）（　）（　）（　）馬 馬 馬

39 漢字の成り立ち（六書）

入試必出要点　赤シートでくりかえしチェックしよう！

漢字の成り立ち《な》（六書《りくしょ》）

漢字がどのようにして作られたか、そのおもな成り立ちは、次の①～④の**四種類**《しゅるい》に分けられる。

①**象形**《しょうけい》**文字**…**物の形**をかたどって作られた文字。

例  ↓  ↓ 山　 ↓  ↓ **鳥**

②**指事**《しじ》**文字**…形で表せないことを、**点や線など**で示《しめ》した文字。

例 ・一 ↓ 丄 ↓ 上　・線の上に点をつけて「上」を示した

一・ ↓ 丅 ↓ **下**　・線の下に点をつけて「下」を示した

③**会意**《かいい》**文字**…**二つ以上の漢字の意味**を組み合わせてできた文字。

例 木＋木＝林　・「木」を二つ並《なら》べて、「林」を表した

日＋月＝**明**　・「日」と「月」で、「明るいこと」を表した

④**形声**《けいせい》**文字**…**音を表す部分と意味を表す部分**を組み合わせてできた文字。

例 氵＋青＝清　（氵…「水」の意味　青…「セイ」の音）

扌＋寺＝**持**　（扌…「手に持つ」の意味　寺…「ジ」の音）

この他に、文字の作り方ではなく、使い方によるものがある。

⑤**転注**《てんちゅう》**文字**…もとの意味が変わって、**別**《べつ》**の意味**を表す文字。

例 楽（「音楽」の意味）→楽しい・楽《らく》　音楽をきくと、楽しくなる、ということから。

⑥**仮借**《かしゃ》**文字**…もとの意味には関係《かんけい》なく、**音だけ**を借《か》りた文字。

例 亜細亜（アジア）　亜米利加（アメリカ）

以上《いじょう》の①～⑥を合わせて、「**六書**」という。

■ 漢字の成り立ちを、上の①～⑥から選《えら》びなさい。

川…①　鳴…③　中…②

花…④　菅…④　末…②

魚…①　休…③　板…④

漁…④　晴…④　本…②

絵…④　竹…①　飯…④

男…③　手…①　三…②

河…④　岩…③　印度…⑥

銅…④　想…④　好む…⑤

雨…①　馬…①　世話…⑥

森…③　二…②　阿弥陀…⑥

炎…③　課…④　比べる…⑤

▶解答は別冊9ページ

理解度チェック！

学習日　　月　　日

1 次の成り立ちの漢字を［　］から三つずつ選《えら》び、書きなさい。

□① 象形文字《しょうけい》〔物の形をかたどって作られた文字。〕（　）・（　）・（　）

□② 指事文字《しじ》〔形で表せないことを、点や線などで示《しめ》した文字。〕（　）・（　）・（　）

□③ 会意文字《かいい》〔二つ以上の漢字の意味を組み合わせてできた文字。〕（　）・（　）・（　）

□④ 形声文字《けいせい》〔音を表す部分と意味を表す部分を組み合わせてできた文字。〕（　）・（　）・（　）

［上　明　手　清　鳥　三　雨　休　絵　岩　末　河］

2 次の①・②は、ア「転注文字《てんちゅう》」、イ「仮借文字《かしゃ》」のどちらですか。記号で答えなさい。

□① 亜米利加…（　）

□② 楽しい…（　）

3 次の漢字と同じ成り立ちの漢字を［　］から（　）の数だけ選び、書きなさい。

□① 林…（　）・（　）

□② 下…（　）・（　）

□③ 山…（　）・（　）・（　）

□④ 持…（　）・（　）・（　）

［魚　花　中　森　銅　鳴　馬　本　管　竹］

4 次の漢字を、例にならって、意味を表す部分と音を表す部分とに分けて書きなさい。

例 性…（忄）意味・（生）音

□① 飯…（　）意味・（　）音

□② 想…（　）意味・（　）音

□③ 晴…（　）・（　）

□④ 漁…（　）・（　）

40 熟語の組み立て

入試必出要点　赤シートでくりかえしチェックしよう！

■二字熟語《じゅくご》の組み立て

二字熟語の組み立てには、おもに、次の①〜⑨のパターンがある。

①同じ漢字を重ねたもの。
例　人々（人＋人）　山々（山＋山）

②似《に》た意味の漢字を組み合わせたもの。
例　幸福（幸せ＋福）　救助《きゅうじょ》（救《すく》う＋助ける）

③反対、または対《つい》になる意味の漢字を組み合わせたもの。
例　天地（天＋地）　強弱（強い＋弱い）

④上の漢字が下の漢字に説明《せつめい》を加《くわ》えるもの。
例　青空（青い空）　海底《かいてい》（海の底《そこ》）

⑤下の漢字が上の漢字の目的語《もくてきご》（「…を」「…に」）になっているもの。
例　作文（文を作る）　登山（山に登る）

⑥上の漢字が主語、下の漢字が述語《じゅつご》の関係のもの。
例　国営《こくえい》（国が営《いとな》む）　腹痛《ふくつう》（腹《はら》が痛《いた》い）

⑦上に打ち消しの漢字（不《ふ》・無《む》・非《ひ》・未《み》）がついたもの。
例　不足（足りない）　未完《みかん》（まだ完成《かんせい》していない）

⑧下に意味をそえる漢字（的・性《せい》・然《ぜん》・化）がついたもの。
例　母性（母親としての性質《せいしつ》）　強化（強く変《か》える）

⑨長い熟語を省略《しょうりゃく》してできたもの（略語）。
例　高校（高等学校）　原発（原子力発電〔所〕）

■二字熟語の組み立てを、上の①〜⑨から選《えら》びなさい。

国々…①　寒冷《かんれい》…②　多少…③
急行…④　消火…⑤　日没《にちぼつ》…⑥
無罪《むざい》…⑦　私的《してき》…⑧　入試《にゅうし》…⑨
売買…③　永久《えいきゅう》…②　県立…⑥
帰国…⑤　年々…①　日銀…⑨
求人《きゅうじん》…⑤　進行…②　曲線…④
収支《しゅうし》…③　早々…①　非番…⑦
納税《のうぜい》…⑤　再会《さいかい》…④　増減《ぞうげん》…③
整然…⑧　着席《ちゃくせき》…⑤　他人…④
絵画…②　国有…⑥　国連《こくれん》…⑨
進退《しんたい》…③　思考…②　清流《せいりゅう》…④

▶解答は別冊10ページ

理解度チェック！

学習日　　月　　日

1 次の組み立ての熟語《じゅくご》を[ ]から二つずつ選《えら》び、書きなさい。

□① 同じ漢字を重ねたもの。（　　）・（　　）

□② 似《に》た意味の漢字を組み合わせたもの。（　　）・（　　）

□③ 反対、または対《つい》になる意味の漢字を組み合わせたもの。（　　）・（　　）

□④ 上の漢字が下の漢字に説明《せつめい》を加《くわ》えるもの。（　　）・（　　）

□⑤ 下の漢字が上の漢字の目的語《もくてき》（「…を」「…に」）になっているもの。（　　）・（　　）

□⑥ 上の漢字が主語《しゅご》、下の漢字が述語《じゅつご》の関係《かんけい》のもの。（　　）・（　　）

売買　国有　年々　絵画　再会《さいかい》　帰国
国々　消火　多少　県立　寒冷《かんれい》　他人

2 次の漢字の上に「不《ふ》・無《む》・非《ひ》・未《み》」のどれか一字をつけて、二字熟語を作りなさい。

□① 完…（　　）　□② 罪…（　　）

□③ 足…（　　）　□④ 番…（　　）

3 次の漢字の下に「的・性《せい》・然《ぜん》・化」のどれか一字をつけて、二字熟語を作りなさい。

□① 強…（　　）　□② 私…（　　）

□③ 整…（　　）　□④ 母…（　　）

4 次の熟語と同じ組み立ての熟語を[ ]から三つ選び、書きなさい。

□・高校　（　　）・（　　）・（　　）

思考　求人《きゅうじん》　日銀　曲線　急行
清流《せいりゅう》　原発　納税《のうぜい》　増減《ぞうげん》　国連《こくれん》

41 文の組み立て

入試必出要点　赤シートでくりかえしチェックしよう！

文・文節《ぶんせつ》・単語《たんご》

①文……まとまった意味を表す、ひと続《つづ》きの言葉。原則《げんそく》として、文の終わりは句点《くてん》（。）で示《しめ》す。

②文節…文を、意味や発音のうえで不自然《ふしぜん》にならないように、できるだけ短く区切ったまとまり。

③単語…文節を細かく分けた、言葉としての最小《さいしょう》の単位《たんい》。

例
文節　赤い｜花が｜さきます。
単語　赤い｜花｜が｜さき｜ます。

主語《しゅご》、述語《じゅつご》

①主語…「何が（は）」「だれが（は）」にあたる文節。

②述語…「どうする」「どんなだ」「何だ」などにあたる文節。

例（主語と述語）
・小鳥が　飛ぶ。（何が　どうする。）
・小鳥は　小さい。（何は　どんなだ。）
・小鳥は　インコだ。（何は　何だ。）

主語になる言葉には、「が・は」の他に「も・でも・こそ・ばかり・だって・まで・しか」などもつく。

■ 文の主語と述語を答えなさい。

小学生の　ぼくでも　すらすら　読める。

主語…ぼくでも　述語…読める

修飾語《しゅうしょくご》・被修飾語《ひしゅうしょくご》

他の文節にかかり、それをくわしく説明《せつめい》する文節を修飾語、その修飾語によってくわしく説明されている文節を被修飾語という。

例
赤い（修飾語）　チューリップが（被修飾語）
庭に（修飾語）　さいた。（被修飾語）

■ 文の修飾語をすべて答えなさい。

小さな　ねこが　ベッドで　ねむる。

小さな・ベッドで

単文《たんぶん》・重文《じゅうぶん》・複文《ふくぶん》

①単文…主語・述語が一組だけの文。

例　木が　風に　ゆれる。

②重文…主語・述語が二組以上《いじょう》あって、それらが対等の関係《かんけい》で並《なら》んでいる文。

例　ぼくは　二年生で、兄は　五年生だ。（対等）

③複文…主語・述語が二組以上あって、それらが対等の関係ではない文。

例　母が　作った　料理は　おいしかった。
前の「主語・述語」が、文の中心となる主語にかかる

■ 文の種類《しゅるい》は、「単文・重文・複文」のどれですか。

風が　ふき、雨まで　降《ふ》り出した。

重文

▶解答は別冊10ページ

41 文の組み立て　理解度チェック！

学習日　　月　　日

1 次の文を、例にならって文節《ぶんせつ》と単語《たんご》に分けなさい。

例　村の外れに古い神社がある。
・文節（村の｜外れに｜古い｜神社が｜ある。）
・単語（村｜の｜外れ｜に｜古い｜神社｜が｜ある。）

□● 赤い夕日が西の山にしずむ。
・文節（　　　　　　　）
・単語（　　　　　　　）

2 次の文の㋐主語《しゅご》と㋑述語《じゅつご》を、それぞれぬき出しなさい。

□① 私の　兄は　四月から　高校生だ。
㋐（　　　）　㋑（　　　）

□② 大きな　メロンが　テーブルの　上に　ある。
㋐（　　　）　㋑（　　　）

□③ 草原を　ふきぬける　風が　とても　さわやかだ。
㋐（　　　）　㋑（　　　）

□④ ぼくだって、この　重い　バッグを　持てる。
㋐（　　　）　㋑（　　　）

3 次の文の——線部は、どの言葉にかかっていきますか。その言葉をぬき出しなさい。

□① そよそよと　ふく　風に　当たる。（　　　）

□② 白い　大きな　船が　港に　入ってきた。（　　　）

□③ 苦労《くろう》の　末《すえ》に、とうとう　新しい　製品《せいひん》が　完成《かんせい》した。（　　　）

4 次の文と同じ構造《こうぞう》の文をア～ウから選《えら》び、記号で答えなさい。

□① ぼくの兄は、サッカー選手《せんしゅ》だ。（単文《たんぶん》）（　　）

□② 母は教師《きょうし》で、父は会社員だ。（重文《じゅうぶん》）（　　）

□③ 私《わたし》が買った本は、外国の童話だ。（複文《ふくぶん》）（　　）

ア　幼《おさな》い子が歩く姿《すがた》はかわいい。
イ　六月になってから、雨ばかり降《ふ》る。
ウ　犬が庭をかけ回り、ねこがこたつでねむる。

42 単語の種類

入試必出要点　赤シートでくりかえしチェックしよう！

■品詞《ひんし》とは?

単語《たんご》を、その性質《せいしつ》と働《はたら》きによって分類《ぶんるい》したものを、品詞という。品詞は、次の①～⑩の十種類《しゅるい》に分けられる。

活用する語

使い方によって語尾《ごび》が変《か》わることを「活用」という。

①動詞《どうし》…**物事の動作・存在《そんざい》**を表す。言い切りの形が**ウ段《だん》の音**。
例　読ま（ない）　読む〈**言い切りの形**〉

②形容詞《けいようし》…**物事の性質や状態《じょうたい》**を表す。言い切りの形が「**い**」。
例　楽しかっ（た）　楽しい〈**言い切りの形**〉

③形容動詞《けいようどうし》…**物事の性質や状態**を表す。言い切りの形が「**だ・です**」。
例　きれいだっ（た）　きれいだ〈**言い切りの形**〉
　　きれいでし（た）　きれいです〈**言い切りの形**〉

■**品詞名を答えなさい。**

美しい…形容詞　　変《へん》です…形容動詞
投げる…動詞　　早い…形容詞
静《しず》かだ…形容動詞　　いる…動詞
無《な》い…形容詞　　読む…動詞

活用しない語

④名詞《めいし》…**物事の名前**を表す。例　馬　これ　東京　五人

⑤副詞《ふくし》…おもに**動詞・形容詞・形容動詞を修飾《しゅうしょく》**して、その状態や程度《ていど》を説明《せつめい》する。例　のんびり　どんどん　もっと

⑥連体詞《れんたいし》…**名詞を修飾**する。例　この　大きな　あらゆる

⑦接続詞《せつぞくし》…**言葉や文をつなぐ働き**をする。例　しかし　また

⑧感動詞《かんどうし》…**感動・呼《よ》びかけ**などを表す。例　おや　もしもし

付属語《ふぞくご》（他の語にくっつく語）

⑨助動詞《じょどうし》…いろいろな意味をそえる。**活用する**語。
例　見ます　知らない　おもしろそうだ

⑩助詞《じょし》…意味をそえたり、言葉と言葉の関係《かんけい》を示《しめ》したりする。**活用しない**語。
例　ぼくは　暑いので　家から　今こそ　歩きながら

■**——線部の語の品詞名を答えなさい。**

風がふいた。／雨だ。でも、出かけよう。
（名詞　助動詞　接続詞）

ああ、暑いな。／その箱は、かなり重い。
（感動詞　助詞　連体詞　副詞）

▶解答は別冊10ページ

42 単語の種類　理解度チェック！

学習日　　月　　日

1 次の――線部の単語《たんご》は、□のどれにあたりますか。それぞれ選《えら》び、記号で答えなさい。

□① 楽しそうな顔。（　　）
□② のんびり休む。（　　）
□③ ある日。（　　）
□④ これは何？（　　）
□⑤ あっ、転んだ。（　　）
□⑥ おだやかな海。（　　）
□⑦ えんぴつ、㋐または、ボールペンで㋑書きなさい。㋐（　　）㋑（　　）

ア 名詞《めいし》　イ 動詞《どうし》　ウ 形容詞《けいようし》　エ 形容動詞《けいようどうし》
オ 副詞《ふくし》　カ 連体詞《れんたいし》　キ 接続詞《せつぞくし》　ク 感動詞《かんどうし》

2 次の――線部の語は、ア「助動詞《じょどうし》」、イ「助詞《じょし》」のどちらですか。記号で答えなさい。

□① 犬とねこ。（　　）
□② よさそうだ。（　　）
□③ 遊びたい。（　　）
□④ 呼《よ》びましたか。（　　）
□⑤ 駅まで歩く。（　　）
□⑥ 食べられる。（　　）

3 次の各組《かくくみ》の四つの語の中から、他と性質《せいしつ》がちがうものを一つ選び、書きなさい。

□① うれしい　美しい　きれい　早い（　　）
□② 読む　走る　集める　おいしい（　　）
□③ でも　だから　もし　そして（　　）
□④ きれいだ　優秀《ゆうしゅう》だ　静《しず》かだ　勇気《ゆうき》だ（　　）
□⑤ この　どこ　その　いわゆる（　　）
□⑥ もっと　ゆっくり　そわそわ　おかしな（　　）

4 次の――線部は、活用がある語です。言い切りの形に直して書きなさい。

□① 反対する人が少なくない。（　　）
□② 今日も、かれは元気だった。（　　）
□③ 昔、ここに学校があった。（　　）

43 名詞・動詞

入試必出要点　赤シートでくりかえしチェックしよう！

いろいろな名詞《めいし》

① **普通名詞《ふつうめいし》**…**一般的《いっぱんてき》な物事の名前**を表す。例 犬　山　学校

② **固有名詞《こゆうめいし》**…地名や人名など、**特定《とくてい》のものの名前**を表す。

例 東京　太平洋　富士山《ふじさん》　夏目漱石《なつめそうせき》　万葉集《まんようしゅう》

③ **数詞《すうし》**…ものの数や量《りょう》、順序《じゅんじょ》などを表す。例 三人　一番

④ **代名詞《だいめいし》**…人や物事の名前の代わりに、それを**指し示《しめ》す**言葉。人を指し示す「**人称代名詞《にんしょうだいめいし》**」と、物事を指し示す「**指示《しじ》代名詞《だいめいし》**」の二種類《しゅるい》に分けられる。

人称代名詞

ぼく・きみ・わたし・あなた・おまえ

かれ・だれ・こいつ・そいつ・あいつ

※他に「おれ・わたくし・どいつ・どなた」など。

指示代名詞

物事を指し示す	これ	それ	あれ	どれ
場所を指し示す	ここ	そこ	あそこ	どこ
方向を指し示す	こちら	そちら	あちら	どちら
	こっち	そっち	あっち	どっち

いろいろな動詞《どうし》

① ・**自動詞《じどうし》**…「**〜が…する**」という形で、**主語**の動作・作用・変化《へんか》などを表す。

・**他動詞《たどうし》**…「**〜を**」という修飾語《しゅうしょくご》をともなって、動作・作用・変化などが、**他へ働《はたら》きかける**ことを表す。

例 友人が集まる。（「〜が…する」の形だから、自動詞）

友人を集める。（「〜を」をともなうから、他動詞）

■ 〈 〉に示した動詞に直しなさい。

流れる〈他動詞〉 流す　**出る**〈他動詞〉 出す

並《なら》べる〈自動詞〉 並ぶ　**進める**〈自動詞〉 進む

② **可能動詞《かのうどうし》**…「**…することができる**」という意味をもつ。

例 飛《と》ぶ→飛べる（「飛ぶことができる」という意味）

■ 可能動詞に直しなさい。

走る 走れる　**書く** 書ける

読む 読める　**話す** 話せる

③ **補助動詞《ほじょどうし》**…「**〜て（で）**」の形の文節《ぶんせつ》に続《つづ》き、動詞本来の意味がうすれて、**補助的《ほじょてき》な役割《やくわり》**で使われる。

例 降《ふ》っている　飲んでみる　本である　会ってくる

※他に「いく・おく・しまう・もらう・やる」など。

▶解答は別冊10ページ

43 名詞・動詞 理解度チェック！

学習日　月　日

1 次の名詞《めいし》は、□のどれにあたりますか。それぞれ選《えら》び、記号で答えなさい。

□① 十本（　　）　□② どなた（　　）
□③ 京都（　　）　□④ 先生（　　）

ア 普通名詞《ふつうめいし》　イ 固有名詞《こゆうめいし》　ウ 数詞《すうし》　エ 代名詞《だいめいし》

2 次の①～⑤は、代名詞《だいめいし》について説明《せつめい》したものです。それぞれの説明に合う言葉を□から選び、書きなさい。

□① 相手のことを指し示《しめ》す。（　　）
□② 自分のことを指す。（　　）
□③ 相手が持っている物を指す。（　　）
□④ 自分がいる場所を指す。（　　）
□⑤ はっきりとわかっていない場所を指す。（　　）

それ　ここ　どこ　ぼく　おまえ

3 次の①～④の上下の言葉は、同じ関係《かんけい》になっています。□にあてはまる言葉を書きなさい。

□① 進む―□（　　）
□② □―流す（　　）
□③ 落ちる―□（　　）
□④ □―起こす（　　）

4 次の言葉を、可能動詞《かのうどうし》に直して書きなさい。

□① 走る（　　）　□② 読む（　　）
□③ 歩く（　　）　□④ 話す（　　）

5 次の文から、補助動詞《ほじょどうし》をぬき出しなさい。

□① 遊んでいる子供《こども》たちを見守る。（　　）
□② おしくも、試合《しあい》に負けてしまう。（　　）
□③ どこか、遠い所へ行ってみたい。（　　）

44 副詞

入試必出要点　赤シートでくりかえしチェックしよう！

いろいろな副詞《ふくし》

①**状態**《じょうたい》の副詞…物事の動作・作用の状態《じょうたい》をくわしく説明《せつめい》する。

例　そっと手わたす。　ゆっくり歩く。

②**程度**《ていど》の副詞…物事の性質《せいしつ》・様子の程度《ていど》をくわしく説明する。

例　かなり寒い。　ずっと昔のこと。

③**呼応**《こおう》の副詞…話し手の気持ちや考えを表し、後に決まった言い方をともなう。

いろいろな呼応の副詞

●**打ち消し**

けっして（…ない）・必ずしも（…ない）

少しも（…ない）・とうてい（…ない）

使い方　かれは、けっしてうそは言わない人だ。

●**推量**《すいりょう》

たぶん（…だろう）・おそらく（…だろう）

使い方　明日は、たぶん雨が降《ふ》るだろう。

●**打ち消しの推量**

まさか（…ないだろう）・よもや（…まい）

※「…ないだろう」「…まい」は、どちらも同じ意味。

使い方　まさか失敗《しっぱい》はしないだろう。

●**疑問**《ぎもん》**・反語**《はんご》

どうして（…か）・なぜ（…か）

※反語は、「〜か、いや、そうではない」の意味。

使い方　〈疑問〉どうしておくれたのですか。

〈反語〉どうして忘《わす》れられようか。

※「忘れられない」ことを強調している。

●**仮定**《かてい》

もし（…ば）・たとえ（…ても）

※「…なら・たら」でもよい。　※「…とも」も使われる。

使い方　もし雨ならば、試合《しあい》は中止だ。

●**比喩**《ひゆ》（たとえ）

まるで（…ようだ）・ちょうど（…ようだ）

あたかも（…ようだ）

使い方　今日は暑くて、まるで真夏のようだ。

●**願望**《がんぼう》

ぜひ（…たい）・どうか（…ほしい）

※「…たい」「…ほしい」のどちらも使われる。また、他に「…ください」も使われる。

使い方　パーティーには、ぜひ参加《さんか》したい。

▶解答は別冊11ページ

理解度チェック！

学習日　　月　　日

1 次の文の――線部が「状態《じょうたい》の副詞《ふくし》」ならばア、「程度《ていど》の副詞」ならばイと、記号で答えなさい。

□① もっと大きい。（　　）

□② そっと言う。（　　）

□③ じろじろ見る。（　　）

□④ ずいぶん寒い。（　　）

2 次の文の――線部に気をつけて、□にあてはまる言葉を、〈　〉に示《しめ》された字数で答えなさい。

□① このことは、けっしてだれにも言わ□。〈二字〉（　　）

□② たのまれれば、まさかかれも断《ことわ》ら□。〈五字〉（　　）

□③ 実験《じっけん》は、なぜ失敗《しっぱい》したのだろう□。〈一字〉（　　）

□④ まるでたきの□激《はげ》しい雨が降《ふ》り出した。〈三字〉（　　）

□⑤ あなたには、ぜひ参加《さんか》して□と思っている。〈三字〉（　　）

3 次の文の――線部に気をつけて、□にあてはまる言葉を、□から選《えら》び、書きなさい。

□① 二度としませんから、□許《ゆる》してください。（　　）

□② これが、□おこらずにいられようか。（　　）

□③ 岩の形が、□人間の横顔のように見える。（　　）

□④ 荷物が重すぎて、私《わたし》には□持ち上げられなかった。（　　）

□⑤ 準備《じゅんび》は万全なので、□実験は成功《せいこう》するだろう。（　　）

□⑥ □だれかがじゃましても、目標《もくひょう》は達成《たっせい》するつもりだ。（　　）

どうか　とうてい　どうして
たとえ　ちょうど　おそらく

45 接続詞

入試必出要点　赤シートでくりかえしチェックしよう！

いろいろな接続詞《せつぞくし》

接続詞は、前後の内容《ないよう》をつなぐ働《はたら》きをする。その**働きのちがい**によって、次のように分けられる。

①**順接《じゅんせつ》**…前の事がらが**原因《げんいん》・理由**となって、その**順当《じゅんとう》な結果《けっか》**が後にくることを表す。

だから・すると・そこで・それで・したがって

※他に「それゆえ」「よって」など。

使い方　雨が降《ふ》りそうだ。だから、かさを持って出かけた。

②**逆接《ぎゃくせつ》**…前の事がらとは**逆《ぎゃく》の内容**や、前の事がらから予想されることとは**逆の結果**が後にくることを表す。

しかし・でも・だが・けれども・ところが

※他に「けれど」「しかるに」など。

使い方　雨が降ってきた。しかし、かさを持っていなかった。

③**並立《へいりつ》（並列《へいれつ》）**…前の事がらと後の事がらが**対等の関係《かんけい》で並《なら》ぶ**ことを表す。（前後の事がらを入れかえても、意味はほとんど変《か》わらない。）

また・および・ならびに

使い方　かれは会社の経営者《けいえいしゃ》であり、また、作家でもある。

④**累加《るいか》（添加《てんか》）**…前の事がらに、後の事がらを**つけ加《くわ》えること**を表す。

それから・しかも・さらに・それに・そのうえ

使い方　書店で参考書《さんこうしょ》を買った。それから、文ぼう具店でノートを買った。

⑤**対比《たいひ》・選択《せんたく》**…前の事がらと後の事がらを**比《くら》べたり、どちらかを選《えら》んだりする**ことを表す。

それとも・または・あるいは・もしくは

使い方　食後はコーヒーを飲みますか。それとも、お茶にしますか。

⑥**説明《せつめい》・補足《ほそく》**…前の事がらについて、後の事がらが**説明を加《くわ》えたり、内容を補《おぎな》ったりする**ことを表す。

ただし・なぜなら・すなわち・つまり

使い方　明日は運動会だ。ただし、雨ならば延期《えんき》になる。

⑦**話題転換《てんかん》**…前の事がらから、後の事がらへと**話題を変える**ことを表す。

ところで・では・さて・それでは・ときに

使い方　楽しく遊ぶことができてよかったね。ところで、宿題は終わっているの。

▶解答は別冊11ページ

理解度チェック!

学習日　月　日

1 次の――線部と同じ働《はたら》きをする言葉を□から選《えら》び、書きなさい。

□① いい天気だね。それでは、行こうか。（　）

□② 続行《ぞっこう》しますか。あるいは、やめますか。（　）

□③ 難問《なんもん》だった。でも、なんとか解《と》けた。（　）

□④ 風が強かった。それに、雨まで降《ふ》ってきた。（　）

□⑤ なやみについて母に相談した。また、姉にも相談した。（　）

□⑥ ある本をすすめられた。そこで、さっそく読んでみた。（　）

□⑦ 実験《じっけん》は、無事終了《ぶじしゅうりょう》。すなわち、成功《せいこう》したということです。（　）

それで　つまり　けれども　もしくは
では　ならびに　そのうえ

2 次の□にあてはまる言葉を□から選び、書きなさい。

□① 友人宅《たく》を訪《たず》ねた。□、留守《るす》だった。（　）

□② ぼくは、国語、□算数が得意《とくい》だ。（　）

□③ 子犬の名前を呼《よ》んだ。□、しっぽをふってこたえた。（　）

□④ ケーキを食べた。□、シュークリームも食べた。（　）

□⑤ 動物園、□遊園地の、どちらへ行きたいですか。（　）

□⑥ 海は遊泳禁止《きんし》だ。□、波が高いからだ。（　）

□⑦ 仕事は終わりだ。□、食事にでもでかけようか。（　）

すると　なぜなら　さて　または
ところが　および　さらに

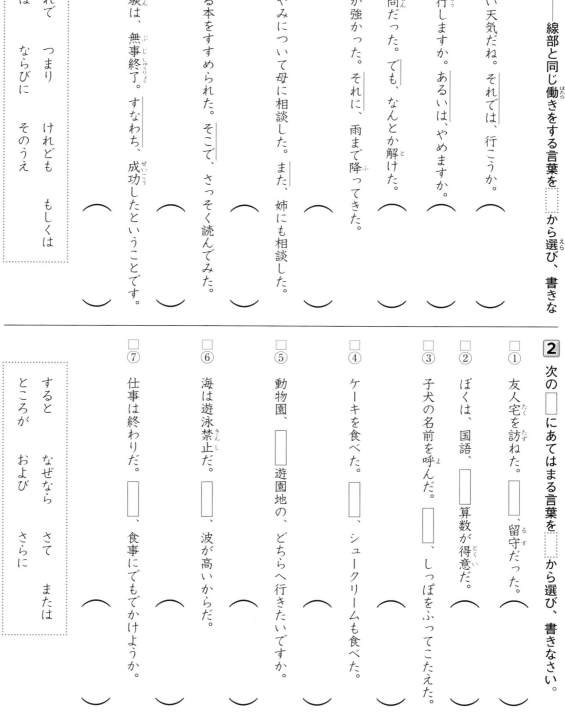

46 単語の意味・用法⑴

入試必出要点　赤シートでくりかえしチェックしよう！

まぎらわしい単語《たんご》の識別《しきべつ》

二つ以上《いじょう》の意味や用法《ようほう》があり、その識別がまぎらわしい単語がある。**意味・用法**をおさえるとともに、**例文《れいぶん》**でちがいを理解《りかい》しておこう。

■ ――線部の意味・用法として正しいものを後から選《えら》び、番号で答えなさい。

れる・られる

ぼくは何でも食べ**られる**。　②

昔のことが思い出さ**れる**。　③

風にぼうしを飛《と》ばさ**れる**。　①

先生がこちらへ来**られる**。　④

① **受け身**…他から動作・作用を受けることを表す。「**…に～れる・られる**」の形の文になる

② **可能《かのう》**…ある動作・行動が可能であることを表す。「**～することができる**」の意味。

③ **自発**…自然《しぜん》にある動作・状態《じょうたい》が起こることを表す。「**自然に（ひとりでに）～する**」の意味。意志《いし》と関《かん》係《けい》なく起こる様子で、心の動きを表す言葉につく。

④ **尊敬《そんけい》**…動作・行動を行う人物を**敬《うやま》う気持ち**を表す。

ない

服がどろでよごれてきた**ない**。　④

時間のかかる仕事はやら**ない**。　①

探《さが》している本が、どこにも**ない**。　②

この本は、あまりおもしろく**ない**。　③

① **打ち消しの助動詞《じょどうし》**…「～しない」という打ち消しの意味を表す。「**ない**」は「**ぬ**」に**置《お》きかえられる**。

② **形容詞《けいようし》**…「**存在《そんざい》しない**」の意味。

③ **補助形容詞《ほじょけいようし》**…「**～くない**」「**～てない**」の形で、直前の意味を打ち消す。

④ **形容詞の一部**…「**はかない**」「**情《なさ》けない**」など。

ようだ

かれの**ような**選手《せんしゅ》になりたい。　③

部屋の中にだれかいる**ようだ**。　①

流れる水がたきの**ようだ**。　②

① **推定《すいてい》**…「**どうやら～のようだ**」とおしはかる。

② **比喩《ひゆ》（たとえ）**…「**まるで～のようだ**」とたとえる。

③ **例示《れいじ》**…「**たとえば～のようだ**」と例を挙《あ》げる。

▶解答は別冊11ページ

理解度チェック!

学習日　月　日

1 次の文の――線部と同じ意味・用法《ようほう》のものを後から選《えら》び、記号で答えなさい。

□① 家の仕事を手伝《てつだ》ってほめられる。（　）
□② 朝礼で校長先生が話される。（　）
□③ 事故《じこ》にあった友人の身が案《あん》じられる。（　）
□④ ぼくの父は、どこでもねられるそうだ。（　）

ア 易《やさ》しい問題なので、五分で答えられる。
イ 古い町並《まちな》みに、昔の生活がしのばれる。
ウ いたずらをして、母にしかられる。
エ お客様は五時ごろ帰られる。

2 次の文の――線部が〈　〉の意味をふくむように、「れる・られる」のどちらかをつけて書き直しなさい。

□① 先生がくわしく説明《せつめい》する。〈尊敬《そんけい》〉（　）
□② 頭をやさしくなでる。〈受け身〉（　）
□③ 弟は自分で服を着る。〈可能〉（　）

3 次の文の――線部と同じ意味・用法のものを後から選び、記号で答えなさい。

□① 今日はくもっていて、あまり暑くない。（　）
□② 教室に残《のこ》っている人は少ない。（　）
□③ 今日は寒いので、出かけないことにした。（　）
□④ いそがしくて、遊ぶひまがない。（　）

ア 節約《せつやく》のために、よけいな物は買わない。
イ 雨が降《ふ》ったら、あまり行きたくない。
ウ お金がないので、買うのをあきらめた。
エ 人にめいわくをかけてはいけない。

4 次の文の――線部と同じ意味・用法のものを後から一つ選び、記号で答えなさい。

□● あの雲の形はくじらのようだ。（　）

ア 外は、降り続《つづ》いた雨がやんだようだ。
イ ボールが矢のような速さで飛《と》んできた。
ウ この計画は、うまくいくように思う。
エ 父のようなりっぱな職人《しょくにん》になりたい。

47 単語の意味・用法(2)

入試必出要点 赤シートでくりかえしチェックしよう！

■ ――線部の意味・用法《ようほう》として正しいものを後から選《えら》び、番号で答えなさい。

そうだ

あしたは晴れる**そうだ**。 ②

あしたは晴れ**そうだ**。 ①

①**様態《ようたい》**…**自分で見聞きしたこと**について、様子や状態《じょうたい》を表す。「～と思われる」「～という感じだ」の意味。

②**伝聞《でんぶん》**…**他から伝《つた》え聞いたこと**を表す。「～ということだ」「～という話だ」の意味。

だ

部屋にはだれもいないよう**だ**。 ④

図書館で借《か》りた本を読ん**だ**。 ②

ここが私《わたし》の生まれた町**だ**。 ①

あの人の性格《せいかく》はおだやか**だ**。 ③

①**断定《だんてい》の助動詞《じょどうし》**…「**名詞《めいし》や助詞《じょし》（の）＋だ**」の形になる。

②**過去《かこ》の助動詞**…「**た**」が**濁音化《だくおんか》**し、「だ」となったもの。

③**形容動詞《けいようどうし》の一部**…「きれい**だ**」「静《しず》か**だ**」「にぎやか**だ**」など。「だ」を「な」に置《お》きかえられれば、形容動詞。

④**助動詞の一部**…「そう**だ**」「よう**だ**」。

らしい

男**らしい**勇《ゆう》かんな人。 ②

とてもかわい**らしい**子。 ③

かれは、この学校の先生**らしい**。 ①

①**推定《すいてい》の助動詞**…「**どうやら～らしい**」とおしはかる。

②**形容詞《けいようし》を作る接尾語《せつびご》**…「**名詞＋らしい**」の形で、「**いかにも～にふさわしい**」という意味の形容詞を作る。

③**形容詞の一部**…「**すばらしい**」「**めずらしい**」など。

か

なんとすばらしい絵**か**。 ③

ぼくといっしょに行こう**か**。 ④

この商品はいくらです**か**。 ①

これががまんできよう**か**。 ②

①**疑問《ぎもん》・質問《しつもん》**…疑《うたが》ったり、たずねたりすることを表す。

②**反語表現《はんごひょうげん》**…自分の気持ちを**疑問**の形で表し、「**～か、いや、そうではない**」と、本来の気持ちを強調する。

③**感動**…おどろきや心に感じた思いを表す。

④**勧誘《かんゆう》**…さそったり、たのんだりする気持ちを表す。

▶解答は別冊11ページ

理解度チェック!

学習日　月　日

1 次の各組《かくくみ》の文の――線部について、「様態《ようたい》」は「伝聞《でんぶん》」に、「伝聞」は「様態」に直したとき、□にあてはまる言葉を書きなさい。

□① 遊園地は楽しそうだ。〈様態〉
遊園地は□そうだ。〈伝聞〉（　　）

□② 桜《さくら》の花が□そうだ。〈様態〉
桜の花がさくそうだ。〈伝聞〉（　　）

□③ 何も問題は□そうだ。〈様態〉
何も問題はないそうだ。〈伝聞〉（　　）

2 次の文の――線部と同じ意味・用法《ようほう》のものを後から選《えら》び、記号で答えなさい。

□① 明日、親せきのおばさんが来るらしい。（　　）

□② リーダーらしく、みんなを引っぱりたい。（　　）

□③ この絵は、ほかのどれよりもすばらしい。（　　）

ア 父が、めずらしく早く帰ってきた。
イ あの子は、四月から中学生らしい。
ウ 子供《こども》らしいかわいい服を着る。

3 次の文の――線部と同じ意味・用法のものを後から選び、記号で答えなさい。

□① 木の葉が色づき、もうすぐ冬だ。（　　）

□② 父は、今日帰りがおそくなるようだ。（　　）

□③ お寺の境内《けいだい》は、ひっそりとして静《しず》かだ。（　　）

□④ 小鳥のひなが初《はじ》めて飛《と》んだ。（　　）

ア まだ五月なのに、この暑さは夏のようだ。
イ 買ってきた物を家の中に運んだ。
ウ この国は、ここ二百年ぐらいずっと平和だ。
エ かれは、見かけによらず、なみだもろい人だ。

4 次の文の――線部が同じ意味・用法であるものを二つ選び、記号で答えなさい。

□
ア こんなことが許《ゆる》されようか。
イ アメリカに行ったことがありますか。
ウ ぼくに力を貸《か》してくれませんか。
エ 君は、あそこまで何秒で走れるか。
オ ああ、やっぱり来なかったか。

（　　）・（　　）

48 単語の意味・用法⑶

入試必出要点　赤シートでくりかえしチェックしよう！

■ ――線部の意味・用法《ようほう》として正しいものを後から選《えら》び、番号で答えなさい。

う・よう

- さあ、いっしょに出かけよう。　③
- あしたこそ晴れるだろう。　②
- 私《わたし》も、早起きの習慣《しゅうかん》をつけよう。　①

①**意志《いし》**…「**ようし、〜するぞ**」というように、何かをやろうとする強い気持ちを表す。
②**推量《すいりょう》**…「**たぶん〜だろう**」とおしはかる。
③**勧誘《かんゆう》**…「**さあ、〜しようよ**」というように、相手に対してさそいかける。

た

- やっと仕事が終わったところだ。　②
- 昨日《きのう》、サッカーの試合《しあい》をした。　①
- 白いぼうしをかぶった女の人。　③

①**過去《かこ》**…あることが**終わって時間**がたったことを表す。
②**完了《かんりょう》**…あることが、ほんの少し前に**終わったばかり**であることを表す。
③**状態《じょうたい》**…動作の結果《けっか》が**状態として続《つづ》いている**ことを表す。

ながら

- 音楽をききながら絵をかく。　①
- 昔ながらの町並《まちな》みが残《のこ》る。　③
- 知っていながら教えてくれない。　②

①**動作の並立《へいりつ》**…「**…するのと同時に〜**」の意味。
②**逆接《ぎゃくせつ》**…「**〜のに**」「**〜にもかかわらず**」の意味。
③**状態**…「**名詞《めいし》＋ながら（接尾語《せつびご》）**」の形で、「**〜の状態のまま**」の意味の言葉を作る。

の

- すず虫の鳴き声が聞こえる。　②
- ぼくの姉は歌うのが大好《だいす》きだ。　③
- 電車の走る音で目が覚《さ》めた。　①
- 行くの行かないので言い争《あらそ》う。　④

①**主語《しゅご》を示《しめ》す**…「**が**」に置《お》きかえられ、主語を示す。
②**修飾語《しゅうしょくご》を示す**…名詞《めいし》の修飾語を示す。
③**名詞（体言《たいげん》）の代用**…「**こと**」「**もの**」に置きかえられ、名詞（体言）の性質《せいしつ》をもつ。
④**同格《どうかく》**…「**…の〜の**」の形で、二つを並《なら》べる。

▶解答は別冊11ページ

理解度チェック！

学習日　月　日

1 次の文の——線部と同じ意味・用法《ようほう》のものを後から選《えら》び、記号で答えなさい。

□① コーヒーを飲みながら本を読む。（　）

□② 悪いと思いながら、うそをついてしまう。（　）

□③ いつもながらのみごとなやり方だ。（　）

ア 才能《さいのう》がありながら、それを生かしきれない。

イ つらい思い出をなみだながらに語る。

ウ かれは、働《はたら》きながら歌手をめざしている。

2 次の文の——線部の意味・用法を［　］から選び、記号で答えなさい。

□① 夕焼《ゆうや》けでそまった空を見上げる。（　）

□② 母は、買い物から帰ったところです。（　）

□③ 動物園でパンダを見たことがある。（　）

ア 過去《かこ》　イ 完了《かんりょう》　ウ 状態《じょうたい》

3 次の文の——線部が〈　〉の意味をふくむように、「う・よう」のどちらかをつけて書き直しなさい。

□① みんなでケーキを食べる。〈勧誘《かんゆう》〉（　）

□② 君のたのみを引き受ける。〈意志《いし》〉（　）

□③ こんな日の海はおだやかだ。〈推量《すいりょう》〉（　）

4 次の文の——線部と同じ意味・用法のものを後から選び、記号で答えなさい。

□① 水の流れる音が聞こえてくる。（　）

□② おいしそうなのを選んで買う。（　）

□③ ふきんでテーブルの上をふく。（　）

□④ 多いの少ないのと言わないでほしい。（　）

ア 自転車で買い物へ行くのが日課《にっか》です。

イ やるのやらないので対立している。

ウ ぼくの好《す》きな食べ物はハンバーグだ。

エ 駅のそばにスーパーマーケットがある。

49 単語の意味・用法⑷

入試必出要点 赤シートでくりかえしチェックしよう！

■ ——線部の意味・用法《ようほう》として正しいものを後から選《えら》び、番号で答えなさい。

から

一度の失敗《しっぱい》から自信《じしん》を失《うしな》う。 ③
試合《しあい》は午後六時から始まる。 ①
ぶどうからワインをつくる。 ②

①**動作・作用の起点**…動作・作用が**起こり始める時、起こる場所**を示《しめ》す。
②**原料《げんりょう》・材料《ざいりょう》**…「**〜をもとにして**」「**〜を使って**」の意味。
③**原因《げんいん》・理由**…「**〜によって**」「**〜のせいで**」「**〜ので**」などの意味。

で

妹は、来年の八月で満《まん》六才だ。 ②
足のけがで試合を欠場《けつじょう》する。 ④
向こうの島まで船でわたる。 ③
時速二十キロメートルで走る。 ⑤
放課後《ほうかご》、近くの公園で遊ぶ。 ①

①**場所**…「**〜において**」の意味。
②**時限《じげん》**…「**〜になると**」「**〜の間に**」の意味。
③**手段《しゅだん》・材料**…「**〜によって**」「**〜を使って**」の意味。
④**原因・理由**…「**〜のために**」「**〜のせいで**」の意味。
⑤**状態《じょうたい》・様子**…「**〜の状態で**」「**〜の様子で**」の意味。

と

ぼくの身長は、君と同じくらいだ。 ④
私《わたし》も行ってみようと思う。 ③
ぼくは、弟と公園で遊んだ。 ①
シャツとぼうしを買う。 ⑤
がんばって、一人前の医者となる。 ②

①**相手・対象《たいしょう》**…「**〜とともに**」「**〜を相手に**」の意味。
②**結果《けっか》**…「**…（の結果）〜となる**」の形になる。「と」は「**に**」に置《お》きかえられる。
③**引用**…「**〜と思う**」「**〜と言う**」などの形になる。直前の引用部分（「〜」の部分）は、かぎ（「　」）でくくることができる。
④**比較《ひかく》の基準《きじゅん》**…「**〜と比《くら》べると**」の意味。
⑤**並立《へいりつ》**…前後を**対等の関係《かんけい》**で並《なら》べる。

▶解答は別冊12ページ

49 単語の意味・用法⑷　理解度チェック！

学習日　　月　　日

1 次の文の――線部の意味・用法《ようほう》を[　]から選《えら》び、記号で答えなさい。

□ ① 作った料理《りょうり》を冷凍《れいとう》で保存《ほぞん》しておく。（　）

□ ② ぼくの父は、北海道で生まれ育った。（　）

□ ③ 外国製《せい》の白い布地《ぬのじ》でシャツを作る。（　）

□ ④ 昨日《きのう》からの雨で川が増水《ぞうすい》した。（　）

□ ⑤ ビルが、着工から半年で完成《かんせい》した。（　）

ア 場所　イ 時限《じげん》　ウ 手段《しゅだん》・材料《ざいりょう》
エ 原因《げんいん》・理由　オ 状態《じょうたい》・様子

2 次の文の――線部が同じ意味・用法のものを二つ選び、記号で答えなさい。

□
ア 連日《れんじつ》の暑さで水不足《ぶそく》になる。
イ 父は電車で通勤《つうきん》している。
ウ 材料《ざいりょう》をなべに入れ、弱火でにこむ。
エ 包丁《ほうちょう》でじゃがいもの皮をむく。
オ 六時で仕事を終えて帰る。

（　）・（　）

3 次の文の――線部と同じ意味・用法のものを後から一つ選び、記号で答えなさい。

□ ● 相手の表情《ひょうじょう》から何があったかを知る。
ア パンは、おもに水と小麦粉《こむぎこ》から作る。
イ 遠くの友人から手紙の返事が届《とど》いた。
ウ スピードの出しすぎから事故《じこ》を起こした。
エ 買い物を終えた母が、店から出てきた。

（　）

4 次の文の――線部の意味・用法を[　]から選び、記号で答えなさい。

□ ① 行かないと言ったが、またさそわれた。（　）

□ ② 本とノートをかばんに入れる。（　）

□ ③ この辺《あた》りも、昔とだいぶちがってきている。（　）

□ ④ 実力が接近《せっきん》している選手《せんしゅ》と戦《たたか》う。（　）

□ ⑤ 雨が土にしみこんで、やがて地下水となる。（　）

ア 相手・対象《たいしょう》　イ 結果《けっか》　ウ 引用
エ 比較《ひかく》の基準《きじゅん》　オ 並立《へいりつ》

50 単語の意味・用法(5)

入試必出要点　赤シートでくりかえしチェックしよう！

■――線部の意味・用法《ようほう》として正しいものを後から選《えら》び、番号で答えなさい。

が

走ったが、間に合わなかった。　②

明日のことだが、準備《じゅんび》はできたか。　③

秋の空がとてもきれいだ。　①

よく勉強するが、趣味《しゅみ》も広い。　④

①**主語《しゅご》を示《しめ》す**…**その文節《ぶんせつ》が主語**であることを示す。

②**逆接《ぎゃくせつ》**…「**しかし**」「**だが**」などと同じ働《はたら》きをする。

③**前置《まえお》き**…**軽く前置き**をして、次に本題に入る。

④**並立《へいりつ》・対比《たいひ》**…「**また**」「**そして**」などに置きかえられる。

ばかり

駅で十五分ばかり待たされた。　①

起きたばかりで、ねぼけている。　③

姉は、国語ばかり勉強している。　②

①**だいたいの数量《すうりょう》・程度《ていど》**…「**〜ほど**」「**〜くらい**」の意味。

②**限定《げんてい》**…他を考えず、限定する。「**〜だけ**」の意味。

③**完了《かんりょう》**…動作などが、**終わって間もない**ことを表す。

さえ

小学生でさえわかる常識《じょうしき》だ。　①

強い風に、雪さえ降《ふ》り始めた。　③

生きてさえいてくれればよい。　②

①**他を類推《るいすい》させる**…「小学生でさえ〜」は、「小学生」という**きょくたんな例《れい》**を示し、「まして大人ならだれでも〜」と、他のことを類推・想像《そうぞう》させる。

②**限定**…「**〜だけで十分だ**」と限定する。

③**添加《てんか》**…「**そのうえ〜まで**」とつけ加《くわ》える。

でも

ひと目だけでも君に会いたい。　②

さて、映画《えいが》でも見ようか。　③

専門家《せんもんか》でもわからない現象《げんしょう》。　①

好《す》ききらいなく、何でも食べる。　④

①**他を類推させる**…「**〜でさえ**」と置きかえられる。

②**最低限《さいていげん》の希望《きぼう》**…「**せめて〜でも**」という最低限の希望。

③**だいたいの例示《れいじ》**…「**たとえば〜でも**」という例示。

④**すべてにわたることを示す**…「**何**」「**だれ**」などにつく。

▶解答は別冊12ページ

50 単語の意味・用法⑸　理解度チェック！

学習日　　月　　日

1 次の文の——線部の意味・用法《ようほう》を［　］から選《えら》び、記号で答えなさい。

□ ① ぼくも健康《けんこう》だが、君もじょうぶだね。（　）

□ ② あの大きな建物《たてもの》が、私《わたし》の通う学校だ。（　）

□ ③ 雨は降《ふ》ったが、すぐにやんでしまった。（　）

□ ④ すみませんが、水を一ぱいいただけませんか。（　）

ア 逆接《ぎゃくせつ》　イ 並立《へいりつ》・対比《たいひ》
ウ 前置《まえお》き　エ 主語《しゅご》を示《しめ》す

2 次の文の——線部と同じ意味・用法のものを後から一つ選び、記号で答えなさい。

□ ● 悲しくて、ただ泣《な》くばかりだった。（　）

ア 雨がやんだばかりで、道がぬれている。
イ 店の前には、十人ばかりの行列ができている。
ウ おじさんは、今いらっしゃったばかりだ。
エ 暑いので、ジュースばかり飲んでいる。

3 次の文の——線部と同じ意味・用法のものを後から選び、記号で答えなさい。

□ ① 事《こと》のよしあしは子どもでもわかるだろう。（　）

□ ② せめて水だけでもいいから、飲みたい。（　）

□ ③ その辺《へん》の店で食事でもしよう。（　）

□ ④ いつでもいいから、連《れん》らくしてください。（　）

ア いそがしいが、あい間に五分でも休けいしよう。
イ かれは、だれとでも気軽に話せる明るい人だ。
ウ 町までは自転車でも楽に行けるきょりだ。
エ ひまだから、本でも読んで過《す》ごすことにする。

4 次の文の——線部と同じ意味・用法のものを後から一つ選び、記号で答えなさい。

□ ● 雨さえ降らなければ、大会は行われる。（　）

ア きんちょうして、水さえのどを通らない。
イ 君さえ参加《さんか》してくれれば、うまくいく。
ウ この地下室は、せまいうえに明かりさえない。
エ いちばん下の妹にさえ運べる軽い荷物。

51 敬語

入試必出要点　赤シートでくりかえしチェックしよう！

敬語《けいご》とは？

話したり書いたりするときに、**相手や話題の中の人に敬意を表す、改《あらた》まった言い方を敬語**という。敬語には、「**尊敬語《そんけいご》**」「**謙譲語《けんじょうご》**」「**丁寧語《ていねいご》**」の三種類《しゅるい》がある。

尊敬語《そんけいご》

相手や話題の中の人の動作・様子を高めて言う言葉。

①**「お（ご）～になる」「お（ご）～くださる（なさる）」**

例　先生がお話しになる。　先生がご案内《あんない》くださる。

②**助動詞《じょどうし》「れる・られる」**

例　先生が話される。　先生が見られる。

③**敬語動詞《どうし》（尊敬の意味をもつ特別《とくべつ》な動詞）**　※下段《げだん》参照《さんしょう》

謙譲語《けんじょうご》

自分や自分の側《がわ》の人の動作・様子をへり下って言う言葉。

①**「お（ご）～する」「お（ご）～いたす（申す・申しあげる）」**

例　本をお返しする。　先生をご案内いたします。

②**敬語動詞（謙譲の意味をもつ特別な動詞）**　※下段参照

丁寧語《ていねいご》

相手に対して、改まった丁寧な言い方をする言葉。

①**「ございます」**　例　本日はおめでとうございます。

②**助動詞「です・ます」**

例　ここは公園です。　一冊《さつ》の本があります。

〈敬語の種類を区別するときのポイント〉

・**相手**に関係《かんけい》することに使う。…………尊敬語

・**自分**に関係することに使う。…………謙譲語

・**相手・自分に関係なく**使う。…………丁寧語

おもな敬語動詞

ふつうの動詞	尊敬語	謙譲語
言う・話す	おっしゃる	申す 申しあげる
行く・来る	いらっしゃる	まいる
いる	いらっしゃる	おる
する	なさる	いたす
見る	ごらんになる	拝見《はいけん》する
食べる・飲む	めしあがる	いただく
やる・くれる・あたえる	くださる	さしあげる
聞く	（お聞きになる）	うかがう うけたまわる
会う		お目にかかる

▶解答は別冊12ページ

51 敬語　理解度チェック！

学習日　月　日

1 次の文の――線部は、［　］のどれにあたりますか。一つ選《えら》び、記号で答えなさい。

□① 新発売の製品《せいひん》はこちらにございます。（　）

□② 山田さんは、五時ごろお帰りになった。（　）

□③ 私《わたし》がご説明《せつめい》申しあげる。（　）

ア 尊敬語《そんけいご》　イ 謙譲語《けんじょうご》　ウ 丁寧語《ていねいご》

2 次の文の――線部を、〈　〉の言い方を使って敬語に直しなさい。

□① こっちへ来る。〈られる〉（　）

□② 荷物を持つ。〈お～する〉（　）

□③ 公園にいます。〈おる〉（　）

□④ 本をあたえます。〈くださる〉（　）

□⑤ 話を聞いた。〈うかがう〉（　）

3 次の文の――線部を、文に合う敬語動詞《けいごどうし》に直しなさい。

□①
㋐ 先生が生徒《せいと》に言う。（　）
㋑ 生徒が先生に言う。（　）

□②
㋐ お客様が絵を見る。（　）
㋑ 母がお客様の絵を見る。（　）

□③
㋐ 先生、何を食べますか。（　）
㋑ 先生の手料理《りょうり》を食べる。（　）

□④
㋐ あなたがする仕事。（　）
㋑ ぼくがそうじをします。（　）

□⑤
㋐ 先生が教室に行く。（　）
㋑ 父がそちらへ行きます。（　）

重要語

52 かなづかい

入試必出要点　赤シートでくりかえしチェックしよう！

かなづかいのきまり

発音どおりに書かないものや、まちがえやすいものについて、かなづかいのきまりを理解《りかい》しておこう。

①「**は・を・へ**」…「ワ・オ・エ」の音のうち、他の言葉につくもの（助詞《じょし》）は、「**は・を・へ**」と書く。

例 空は青い。　水を飲む。　学校へ行く。

②「**じ・ず**」と「**ぢ・づ**」…「ジ・ズ」の音は、原則《げんそく》として「じ・ず」と書く。例 かんじ（漢字）　ちず（地図）

ただし、次のような言葉は「**ぢ・づ**」と書く。

1「**ち・つ**」**で始まる言葉**が、他の言葉の後について**一語**（**複合語**《ふくごうご》）を作り、にごって発音されるもの。

例 そこ（底《そこ》）＋ちから（力）→そこぢから（底力）

2「**ち・つ**」**の後**に、そのにごった音（濁音《だくおん》）が続《つづ》くもの。

例 ちぢむ（縮む）　つづく（続く）

〈**例外**〉いちじるしい（著しい）　一つずつ

③**のばす音**（**長音**《ちょうおん》）…次のような一字を書き加《くわ》えるのが原則。

ア列「**あ**」例 おかあさん　**イ列**「**い**」例 ちいさい

ウ列「**う**」例 ふうせん　**エ列**「**え**」例 おねえさん

オ列「**う**」例 おとうさん

〈**例外1**〉**エ列**で「**い**」を加える。例 すいえい（水泳）

〈**例外2**〉**オ列**で「**お**」を加える。例 おおかみ

④「**いう**（**言う**）」…「**言う**」は「ユー」と発音するが、かなで書き表す場合、「ゆう」ではなく「**いう**」と書く。

「じ・ず」と「ぢ・づ」のかなづかい

かなづち　つまずく　（地面）じめん　（鼻血）はなぢ

うなずく　（三日月）みかづき　（身近）みぢか　（地震）じしん

いちじく　かたづける　（短い）みじかい

（近々）ちかぢか　めずらしい　（紙包み）かみづつみ

（塩漬け）しおづけ　こぢんまり　（難しい）むずかしい

のばす音（長音）のかなづかい

（多い）おおい　こおろぎ　（時計）とけい　おじいさん

（昨日）きのう　ろうそく　（氷）こおり　（先生）せんせい

（通る）とおる　（夕方）ゆうがた　（英語）えいご　（弟）おとうと

（平和）へいわ　（公園）こうえん　（映画）えいが　（十）とお

（遠い）とおい　（王様）おうさま　（星座）せいざ　（冷静）れいせい

▶解答は別冊12ページ

理解度チェック!

学習日　月　日

1 次の□には、「ワ・オ・エ」と発音するひらがなの、どれか一字があてはまります。それぞれ書きなさい。

□① ぼく㋐、㋑ばさんをむか㋒に、駅㋓行った。

㋐（　　）㋑（　　）㋒（　　）㋓（　　）

□② ㋐たしの姉が、電話㋑取り、「こんにち㋒。」と言った。

㋐（　　）㋑（　　）㋒（　　）

2 次の漢字の読みがなを、かなづかいに気をつけて、ひらがなで書きなさい。（送りがなも書きなさい。）

□① 風船（　　）
□② 地面（　　）
□③ 時計（　　）
□④ 通る（　　）
□⑤ 夕方（　　）
□⑥ 鼻血（　　）
□⑦ 王様（　　）
□⑧ 水泳（　　）
□⑨ 底力（　　）
□⑩ 縮む（　　）
□⑪ 英語（　　）
□⑫ 公園（　　）

3 次の文の――線部のかなづかいが、正しいものには○を答え、正しくないものは、言葉を正しく書き直しなさい。

□① ろうそくの火を消す。（　　）
□② 冷《つめ》たいこうりをかみくだく。（　　）
□③ こじんまりとした庭。（　　）
□④ となりのおねいさんは中学生だ。（　　）
□⑤ じしんで家がゆれた。（　　）
□⑥ こうろぎの鳴き声。（　　）
□⑦ みかんを三個《こ》ずつに分ける。（　　）
□⑧ おとうさんが会社へ行く。（　　）
□⑨ 道ばたの石につまづく。（　　）
□⑩ 読んだ本をかたづける。（　　）

重要語

53 和語・漢語・外来語

入試必出要点　赤シートでくりかえしチェックしよう！

和語・漢語・外来語とは?

①**和語**…昔から使われていた、**日本固有《こゆう》**の言葉。**ひらがな**で書き表したり、**訓読《くんよ》みの漢字**で表したりする。

例　あなた　けれども　美しい　乗る　おだやか　野原

②**漢語**…昔、**中国**から伝《つた》わってきた漢字の音がもとになった言葉。**音読みの漢字**で表される。

例　国語　反省《はんせい》　学者　交差点《こうさてん》　人工衛星《えいせい》　民主主義《みんしゅしゅぎ》

③**外来語**…**中国以外《いがい》の外国**から入り、日本語として使われるようになった言葉。**カタカナ**で表される。

例　ガラス　ピアノ　オレンジ　ラジオ　ニュース

知っておきたい外来語

（＊は外来語の意味。）

- アイデア　＊着想。
- アシスタント　＊助手。
- アドバイス　＊助言。忠告《ちゅうこく》。
- アピール　＊うったえ。
- アプローチ　＊接近《せっきん》。
- アマチュア　＊しろうと。
- イベント　＊もよおし。
- イメージ　＊印象《いんしょう》。想像《そうぞう》。
- インフォメーション　＊情報《じょうほう》。案内《あんない》。
- エチケット　＊礼儀作法《れいぎさほう》。
- オリジナル　＊独創《どくそう》。原点。

- カルチャー　＊文化。教養《きょうよう》。
- キャリア　＊経験《けいけん》。経歴《けいれき》。
- グローバル　＊全世界的《てき》。
- コスト　＊費用《ひよう》。
- コミュニケーション　＊意見や情報などの伝達《でんたつ》。
- コンディション　＊状態《じょうたい》。
- シンボル　＊象徴《しょうちょう》。
- スタンダード　＊標準《ひょうじゅん》。
- ストレス　＊精神的緊張《せいしんてききんちょう》。
- テクノロジー　＊科学技術《ぎじゅつ》。
- ニーズ　＊要望《ようぼう》。
- パフォーマンス　＊肉体の表現《ひょうげん》。演技《えんぎ》。
- ファンタジー　＊空想。
- プライベート　＊個人《こじん》的。
- プロセス　＊過程《かてい》。
- メッセージ　＊伝言《でんごん》。
- メリット　＊利点《りてん》。価値《かち》。
- ユニーク　＊独特《どくとく》。独自。
- リアル　＊現実《げんじつ》的。
- リサイクル　＊資源《しげん》の再生《さいせい》利用。

▶解答は別冊12ページ

理解度チェック！

学習日　月　日

1 次の①～③にあたる言葉を［　］から三つずつ選《えら》び、書きなさい。

□①和語…（　）・（　）・（　）

□②漢語…（　）・（　）・（　）

□③外来語（　）・（　）・（　）

［幸福　ケーキ　あなた　図書館
広場　週刊誌《しゅうかんし》　ラジオ　飛《と》ぶ　オペラ］

2 次の意味をもつ外来語を［　］から選び、書きなさい。

□①印象《いんしょう》（　）　□②伝言《でんごん》（　）

□③接近《せっきん》（　）　□④過程《かてい》（　）

□⑤象徴《しょうちょう》（　）　□⑥独創《どくそう》（　）

□⑦利点《りてん》（　）　□⑧文化（　）

［アプローチ　プロセス　オリジナル　カルチャー
メッセージ　イメージ　シンボル　メリット］

3 次の文の——線部を、外来語に直しなさい。

□①夏祭りのもよおしに参加《さんか》する。（　）

□②君の着想はすばらしい。（　）

□③現代《げんだい》の科学技術《ぎじゅつ》。（　）

□④先生の助言で試合《しあい》に勝った。（　）

□⑤経験《けいけん》を積《つ》んで一人前になる。（　）

4 次の文の——線部の外来語を、二字熟語《じゅくご》に直しなさい。

□①ユニークな考え方。（　）

□②この工事はコストがかかる。（　）

□③写真家のアシスタントになる。（　）

□④客のニーズに合わせて品物をそろえる。（　）

□⑤グラウンドのコンディションがよい。（　）

重要語

54 知っておきたい言葉(1)

入試必出要点 赤シートでくりかえしチェックしよう！

入試《にゅうし》の国語の問題では、できるだけ**多くの言葉を知っておくこと**が有利《ゆうり》に働《はたら》く。小学生にはなじみがうすいが、**知っておくと役に立つ言葉**を挙《あ》げておこう。（＊は言葉の意味。）

問いかけに**とまどう**。＊迷《まよ》う。まごまごする。

ほめられて**はにかむ**。＊照《て》れくさそうにする。

問題点の解決《かいけつ》を**ゆだねる**。＊信用《しんよう》して任《まか》せる。

つかれを**いやす**。＊心身の苦しみをなくす。

ベンチで**まどろむ**。＊短時間、うとうとねむる。

ひまを**もてあます**。＊うまくあつかえなくて困《こま》る。

ピアノの練習に**いそしむ**。＊一生けんめいに努《つと》める。

攻撃《こうげき》を**しのぐ**。＊①たえしのぶ。②まさる。

技術《ぎじゅつ》を**つちかう**。＊養《やしな》い育てる。育成《いくせい》する。

父が母を**ねぎらう**。＊人の苦労《くろう》に感謝《かんしゃ》し、いたわる。

いたずらを**たしなめる**。＊言い聞かせる。注意する。

立場を**わきまえる**。＊道理を十分に心得《こころえ》る。

記憶《きおく》が**よみがえる**。＊失《うしな》われたものを取りもどす。

家で**くつろぐ**。＊心身をのんびりとさせて楽にする。

橋の上で**たたずむ**人。＊しばらくの間、立ち止まる。

買うかどうか、**ためらう**。＊なかなか決心できない。

相手を**あざむく**。＊人をだます。

大地が作物を**はぐくむ**。＊じっくりと養い育てる。

多くの客が**ひしめく**。＊人などが集まっておし合う。

参加《さんか》者を**つのる**。＊①広く集める。②ますます激《はげ》しくなる。

子どもたちが**たわむれる**。＊おもしろがって遊ぶ。

▶解答は別冊13ページ

理解度チェック!

学習日　月　日

1 次の文の——線部の言葉の意味を後から選び、記号で答えなさい。

□① 公園の片《かた》すみでぼんやりとたたずむ。（　）

□② やんちゃな弟をもてあます。（　）

□③ 一生けんめいに練習して、実力をつちかう。（　）

□④ 初《はじ》めてお会いする人の前ではにかむ。（　）

□⑤ 機械《きかい》の動かし方がよくわからず、とまどう。（　）

□⑥ 仕事を手伝《てつだ》ってくれた人の労《ろう》をねぎらう。（　）

□⑦ 練習をなまけた部員をたしなめる。（　）

ア 照《て》れくさそうにする。
イ 人の苦労に感謝《かんしゃ》し、いたわる。
ウ 養《やしな》い育てる。育成《いくせい》する。
エ しばらくの間、立ち止まる。
オ うまくあつかえなくて困《こま》る。
カ 言い聞かせる。注意する。
キ 迷《まよ》う。まごまごする。

2 次の言葉に続《つづ》く言葉を［　］から選び、書きなさい。

□① 傷《きず》を→（　）

□② 研究に→（　）

□③ 大観衆《かんしゅう》が→（　）

□④ こいしさが→（　）

［つのる　いやす　ひしめく　いそしむ］

3 次の文の——線部の言葉と言いかえることができる言葉を［　］から選び、書きなさい。

□① かれに仕事を任《まか》せる。（　）

□② 人をだますような行為《こうい》。（　）

□③ ゆれるつり橋の手前で、わたるのを迷う。（　）

［あざむく　ためらう　まどろむ　ゆだねる］

重要語

55 知っておきたい言葉⑵

入試必出要点 赤シートでくりかえしチェックしよう！

（＊は言葉の意味。）

あわただしい 一日。 ＊せかせかして、落ち着かない。

ないしょの話は **うしろめたい**。 ＊気がひける。

きまじめで、 **つつましい** 性格《せいかく》。 ＊ひかえめである。

勝利《しょうり》が **おぼつかない**。 ＊はっきりしない。疑《うたが》わしい。

おびただしい 魚の群《む》れ。 ＊数や量《りょう》が非常《ひじょう》に多い。

すげない 返事。 ＊思いやりがなく、冷《つめ》たい。愛想《あいそ》がない。

負けるとは、 **ふがいない**。 ＊たよりない。期待外れだ。

あさましい 態度《たいど》。 ＊欲《よく》が強くて、見苦しい。いやしい。

力不足《ぶそく》は **いなめない**。 ＊否定《ひてい》することができない。

試合《しあい》に勝って **ほこらしい**。 ＊ほこりに思う。得意《とくい》になる。

やりきれない 気分。 ＊つらすぎて、たえられない。

幼《おさな》い子の **あどけない** 寝顔《ねがお》。 ＊むじゃきで、かわいらしい。

やましい ことはしていない。 ＊気がとがめる。

たどたどしい 話し方。 ＊なめらかではない。

いとおしい 我《わ》が子。 ＊かわいくて、大切にしたい。

つらい仕事も **いとわない**。 ＊いやがらない。

勝てなくて、 **もどかしい**。 ＊思うようにならなくて、いらいらする。

ふてぶてしい 態度。 ＊ずぶとい。ずうずうしい。

しらじらしい おせじ。 ＊本心ではないとわかる。

空気が **すがすがしい**。 ＊さわやかで、気持ちがよい。

はなばなしい 勝利《しょうり》。 ＊人目をひく。みごとだ。

さりげない 心づかい。 ＊なにげない。

理解度チェック!

学習日　　月　　日

1 次の言葉の意味として正しいものをア～ウから選《えら》び、記号で答えなさい。

□① おびただしい
ア 非常《ひじょう》に多い。　イ 非常に大きい。　ウ 非常に長い。　（　　）

□② いとわない
ア 知らない。　イ よいと思わない。　ウ いやがらない。　（　　）

□③ やりきれない
ア おそろしそうで、危《あぶ》ない。
イ つらすぎて、たえられない。
ウ することがなくて、つまらない。　（　　）

2 次の文の――線部の言葉と似《に》た意味の言葉を□から選び、書きなさい。

□① 疑《うたが》われたが、うしろめたいことは何もしていない。　（　　）

□② 足のけがが治《なお》りきらず、たどたどしい足どりだ。　（　　）

さりげない　やましい　あどけない　おぼつかない

3 次の文の□にあてはまる言葉を□から選び、文に合う形で書きなさい。

□① がんばった妹を□思う。　（　　）

□② たのんだが、□断《ことわ》られた。　（　　）

□③ 節約《せつやく》して、□暮《く》らす。　（　　）

□④ 自分の計画に無理《むり》があったことは□た。　（　　）

すげない　いなめない　ほこらしい　つつましい

4 次の場面の気持ちを表す言葉としてよいものを□から選び、書きなさい。

□① 時間がなくて、いそがしい。　（　　）

□② 一生けんめいにやっているのに、うまくできない。　（　　）

もどかしい　しらじらしい　あわただしい

重要語

56 知っておきたい言葉(3)

入試必出要点　赤シートでくりかえしチェックしよう！

（＊は言葉の意味。）

そそくさと部屋を出る。　＊あせって、せわしく行う様子。

あらかじめ準備《じゅんび》をする。　＊前もって。

敵意《てきい》をあらわにする。　＊はっきりとむき出しにすること。

相手をいたずらにおこらせる。　＊むだに。むやみに。

うつろな表情《ひょうじょう》になる。　＊ぼんやりしている様子。

おもむろに立ち上がる。　＊静《しず》かに、ゆっくりと行う様子。

かたくなな態度《たいど》。　＊意地になっている様子。がんこな様子。

人をないがしろにする。　＊いいかげんにあつかうこと。

まことしやかに言う。　＊本当であるかのような様子。

まんざらうそでもない。　＊必《かなら》ずしも。

やみくもに練習しない。　＊考えもなく行うこと。むやみに。

天気が悪くてゆううつだ。　＊心が晴れ晴れとしないこと。

さながら祭りのようだ。　＊まるで。ちょうど。

幼子《おさなご》のいたいけな寝顔《ねがお》。　＊守り、かばいたくなる様子。

果物《くだもの》、とりわけバナナが好《す》きだ。　＊特別《とくべつ》に。他とちがって。

いちずに練習する。　＊一つのことに熱中《ねっちゅう》する様子。ひと筋《すじ》。

かろうじてにげきった。　＊やっとのことで。ようやく。

空がにわかにくもってきた。　＊急に起こること。とつぜん。

ひときわ大きい選手《せんしゅ》。　＊他と比《くら》べていちだんと。目立って。

資金《しきん》がふんだんにある。　＊非常《ひじょう》に多い様子。たくさん。

ぞんざいにあつかう。　＊投げやりで、乱暴《らんぼう》な様子。

だしぬけに反対意見を述《の》べる。　＊とつぜんな様子。不意《ふい》に。

▶解答は別冊13ページ

56 知っておきたい言葉(3)　理解度チェック！

学習日　　月　　日

1 次の文の――線部の言葉の意味を後から選《えら》び、記号で答えなさい。

□① 水や食料《しょくりょう》はふんだんにある。（　　）
□② 多くの中から、とりわけ大きいものを選ぶ。（　　）
□③ 部屋の中が暑くて、はだをあらわにする。（　　）
□④ うわさがまことしやかに語られる。（　　）
□⑤ 必要《ひつよう》な道具をあらかじめ用意しておく。（　　）
□⑥ にわかに起こった事件《じけん》におどろく。（　　）
□⑦ いやなことがあって、ゆううつな気分だ。（　　）

ア 前もって。
イ 急に起こること。とつぜん。
ウ 特別《とくべつ》に。他とちがって。
エ 本当であるかのような様子。
オ はっきりとむき出しにすること。
カ 心が晴れ晴れとしないこと。
キ 非常《ひじょう》に多い様子。たくさん。

---

2 次の文の――線部の言葉の意味として正しいものをア～ウから選び、記号で答えなさい。

□① たのんだが、かたくなに断《ことわ》られた。（　　）
ア がんこな様子。　イ おだやかな様子。
ウ おこっている様子。

□② 約束《やくそく》の時刻《じこく》に、かろうじて間に合った。（　　）
ア いつもどおりに。　イ よゆうをもって。
ウ やっとのことで。

□③ いたずらに時を過《す》ごしてしまった。（　　）
ア ふざけていたら。　イ むだに。
ウ あっという間に。

□④ 母に対してぞんざいな言葉づかいをする。（　　）
ア 投げやりで、乱暴《らんぼう》な様子。
イ ていねいで、やさしい様子。
ウ 冷静《れいせい》で、かた苦しい様子。

□⑤ 昔のことを、おもむろに語り始めた。（　　）
ア 気が進まず、しかたなく行う様子。
イ 静《しず》かに、ゆっくりと行う様子。
ウ きんちょうして、そっと行う様子。

□⑥ 式が終わったとたん、そそくさと席《せき》を立つ。（　　）
ア かくれて、静《しず》かに行動する様子。
イ のんびりして、落ち着いた様子。
ウ あせって、せわしく行う様子。

重要語

57 知っておきたい言葉(4)

入試必出要点　赤シートでくりかえしチェックしよう！

（＊は言葉の意味。）

がんばった**あかし**。＊確《たし》かだと証明《しょうめい》するもの。

これまでの**いきさつ**。＊そうなるまでのできごと。経過《けいか》。

やめる**しおどき**を考える。＊ちょうどよいとき。よい機会《きかい》。

しぐさがかわいい。＊ちょっとした動作や表情《ひょうじょう》。身ぶり。

川をわたる**すべ**がない。＊物事を行う手段《しゅだん》や方法《ほうほう》。

祭りも**たけなわ**のころ。＊最《もっと》もさかんなとき。

心の**かて**とする。＊支《ささ》えとなるもの。

ひとかどの人物。＊①すぐれていること。②一人前。

生活の**めど**がついた。＊目ざすところ。目あて。目標《もくひょう》。

何の**わだかまり**もない。＊心に残《のこ》った不満《ふまん》や疑問《ぎもん》。

ひとしきり話した。＊しばらくの間、続《つづ》く様子。

心配そうな**おももち**。＊顔つき。顔色。表情。

なけなしのこづかい。＊ほんのわずかであること。

ものごしが静《しず》かな人。＊ものの言い方。動作やしぐさ。

回復《かいふく》する**きざし**。＊物事が起こりそうなしるし。

うれしそうな**そぶり**。＊表情や動作に表れた様子。気配。

ある選手《せんしゅ》を**ひいき**する。＊特定《とくてい》の人などをかわいがること。

もくろみどおりになった。＊くわだてること。計画。

きわめつきのプレー。＊確かだと認《みと》められていること。

冬の**さきがけ**のわたり鳥。＊物事の始まり。

二人が**歩みより**を見せる。＊ゆずり合って近づくこと。

計画に**手ぬかり**はない。＊注意がゆきとどかなかった点。

▶解答は別冊13ページ

理解度チェック!

学習日　月　日

1 次の□にあてはまる言葉を⬚から選《えら》び、書きなさい。

□① □がはずれる。（　　）

□② □の貯金《ちょきん》。（　　）

□③ □がつく。（　　）

□④ □の名演技《えんぎ》。（　　）

□⑤ 身の□を立てる。（　　）

□⑥ 不安《ふあん》そうな□。（　　）

□⑦ 春□のころ。（　　）

□⑧ なす□がない。（　　）

□⑨ □なく実行する。（　　）

めど　おももち　手ぬかり
すべ　たけなわ　きわめつき
あかし　なけなし　もくろみ

2 次の文の――線部の言葉の意味を後から選び、記号で答えなさい。

□① やさしくて、ものごしもやわらかい人。（　　）

□② ひとかどの働《はたら》きができるようになった。（　　）

□③ ひとしきり遊んだら、気分も晴れてきた。（　　）

□④ ひいきをしないで、公平な判断《はんだん》をくだす。（　　）

□⑤ 今度の事件《じけん》のいきさつを調べる。（　　）

□⑥ 二つの国が歩みよりを見せ、平和がおとずれた。（　　）

□⑦ かれに対するわだかまりを捨《す》てる。（　　）

ア 一人前。
イ ゆずり合って近づくこと。
ウ 特定《とくてい》の人などをかわいがること。
エ ものの言い方。動作やしぐさ。
オ 心に残《のこ》った不満《ふまん》や疑問《ぎもん》。
カ しばらくの間、続《つづ》く様子。
キ そうなるまでのできごと。経過《けいか》。

58 知っておきたい言葉(5)

入試必出要点 赤シートでくりかえしチェックしよう！

（＊は言葉の意味。）

発言の意図を知る。＊行おうとすることの目的《もくてき》。

偉大《いだい》な先人の仕事。＊過去《かこ》の人。昔の人。

この道具は重宝《ちょうほう》している。＊便利《べんり》で、よく使うこと。

意見に同調する。＊賛成《さんせい》すること。同じ態度《たいど》をとること。

仕上げを入念《にゅうねん》にする。＊細かい点まで十分に注意すること。

北国の風土。＊その地方の気候《きこう》・性質《せいしつ》・様子など。

うるさく言われて閉口《へいこう》する。＊困《こま》りはてること。

この中では異色《いしょく》の作品だ。＊他とは目立ってちがうこと。

会議《かいぎ》が円滑《えんかつ》に進む。＊順調《じゅんちょう》に、なめらかに進むこと。

格段《かくだん》の差《さ》がある。＊大きくかけはなれていること。

仕事ぶりに感服する。＊りっぱだと思い、敬《うやま》うこと。

逆上《ぎゃくじょう》して暴《あば》れる。＊いかりなどで、我《われ》を忘《わす》れること。

よく吟味《ぎんみ》して買う。＊内容《ないよう》などをじっくりと調べること。

茶わんを割《わ》ったのは故意《こい》ではない。＊わざとすること。

弱点を克服《こくふく》する。＊努力《どりょく》して、困難《こんなん》を乗りこえること。

歌が上手だと自負する。＊自信《じしん》をもち、ほこりに思うこと。

環境《かんきょう》に順応《じゅんのう》する。＊そのときの状態《じょうたい》に合うようにすること。

寸分《すんぶん》のちがいもない。＊ほんの少し。わずか。

一家の生計を立て直す。＊生活のしかた。暮《く》らしの手段《しゅだん》。

読書に専念《せんねん》する。＊一つのことに心を集中すること。

町並《まちな》みに風情《ふぜい》を感じる。＊景色《けしき》などから感じられる味わい。

偏見《へんけん》をいだいて見る。＊公平ではない、かたよった見方。

▶解答は別冊14ページ

理解度チェック！

学習日　　月　　日

1 次の文の——線部の言葉の意味を後から選《えら》び、記号で答えなさい。

□① 研究に身をささげる教授《きょうじゅ》の姿《すがた》に感服する。（　）

□② それぞれの土地の風土に合った生活。（　）

□③ 朝から晩《ばん》まで、仕事に専念《せんねん》する。（　）

□④ 料理《りょうり》に使う食材《しょくざい》をよく吟味《ぎんみ》する。（　）

□⑤ 二人の足の速さには、格段《かくだん》の差《さ》がある。（　）

ア 一つのことに心を集中すること。

イ 大きくかけはなれていること。

ウ 内容《ないよう》などをじっくりと調べること。

エ その地方の気候《きこう》・性質《せいしつ》・様子など。

オ りっぱだと思い、敬《うやま》うこと。

2 次の言葉と意味が似《に》ている言葉を下から選び、書きなさい。

□① 同調〔賛成《さんせい》　協同《きょうどう》　強調〕（　）

□② 重宝《ちょうほう》〔高価《こうか》　貴重《きちょう》　便利《べんり》〕（　）

3 次の□にあてはまる言葉を［　］から選び、書きなさい。

□① □の教え。（　）

□② □をもたない。（　）

□③ □を立てる。（　）

□④ □に検査《けんさ》する。（　）

［生計　偏見《へんけん》　先人　入念］

4 次の言葉の意味を下から選び、記号で答えなさい。

□① 意図（　）
- ア その人独特《どくとく》の考え方。
- イ じっくりと練りあげた計画。
- ウ 行おうとすることの目的《もくてき》。

□② 寸分《すんぶん》（　）
- ア 小さく分けること。
- イ 細かさ。軽さ。
- ウ ほんの少し。わずか。

□③ 風情《ふぜい》（　）
- ア 景色《けしき》などから感じられる味わい。
- イ 景色などから感じるはなやかさ。
- ウ 景色などが、いなかふうであること。

重要語

59 知っておきたい言葉(6)

入試必出要点　赤シートでくりかえしチェックしよう！

（＊は言葉の意味。）

安易《あんい》な方法《ほうほう》。　＊①たやすいこと。②軽い気持ちですること。

仕事に没頭《ぼっとう》する。　＊他のことは忘《わす》れ、一つに集中すること。

疑《うたが》う余地《よち》がない。　＊残《のこ》されている可能性《かのうせい》。

自分の一存《いちぞん》で決める。　＊一人の考えや意見。

道具を駆使《くし》する。　＊思いどおりに使いこなすこと。

断《ことわ》る口実をもうける。　＊言いのがれるための言葉や材料《ざいりょう》。

足の速さが身上だ。　＊とりえ。値打《ねう》ち。

漠然《ばくぜん》としている。　＊ぼんやりして、はっきりしない様子。

悠長《ゆうちょう》に食事をする。　＊ゆったりして、落ち着いている様子。

落胆《らくたん》する。　＊非常《ひじょう》にがっかりすること。元気をなくすこと。

暗黙《あんもく》のうちに通じ合う。　＊何も言わないこと。

視点《してん》を変《か》える。　＊物事を見たり考えたりするときの立場。

物資《ぶっし》を調達《ちょうたつ》する。　＊取りそろえること。

車の往来《おうらい》が激《はげ》しい。　＊行ったり来たりすること。

夏の風物詩。　＊季節《きせつ》らしさを、よく表している物事。

不可欠《ふかけつ》な知識《ちしき》。　＊絶対《ぜったい》に必要《ひつよう》なこと。

画期的《かっきてき》な発明。　＊新時代を開くほどに、すばらしい様子。

世間体《せけんてい》を気にする。　＊世間の見た目。評判《ひょうばん》。

殺風景《さっぷうけい》な部屋。　＊おもしろみがないこと。

感受性《かんじゅせい》が豊《ゆた》かだ。　＊感動や悲しみなどを感じる心の動き。

主体性《しゅたいせい》をもつ。　＊自分から進んで行動しようとする性質《せいしつ》。

先入観《せんにゅうかん》がある。　＊以前《いぜん》からもっている固定《こてい》された考え。

▶解答は別冊14ページ

理解度チェック！

学習日　月　日

1 次の文の——線部の言葉の意味を後から選《えら》び、記号で答えなさい。

□① 生活に必要《ひつよう》な物を調達《ちょうたつ》する。（　）
□② 悠長《ゆうちょう》に構《かま》えている場合ではない。（　）
□③ だいじな試合《しあい》に負けて落胆《らくたん》する。（　）
□④ 漠然《ばくぜん》とだけれども、不安《ふあん》を感じる。（　）
□⑤ 会長の一存《いちぞん》で決まったことに従《したが》う。（　）
□⑥ 工事にあたって、最新《さいしん》の技術《ぎじゅつ》を駆使《くし》する。（　）
□⑦ 新しい技術の研究に没頭《ぼっとう》する。（　）

ア 一人の考えや意見。
イ 非常《ひじょう》にがっかりすること。元気をなくすこと。
ウ 取りそろえること。
エ 他のことは忘《わす》れ、一つに集中すること。
オ ぼんやりして、はっきりしない様子。
カ ゆったりして、落ち着いている様子。
キ 思いどおりに使いこなすこと。

2 次の文の□にあてはまる言葉を［　］から選び、書きなさい。

□① 店内は、一見□に感じられた。（　）
□② これまでなかった□な新製品《せいひん》。（　）
□③ □が豊《ゆた》かで、なみだもろい人。（　）
□④ □を捨《す》てて、客観的《きゃっかんてき》に考える。（　）
□⑤ 母は、何かにつけて□を気にする。（　）

［先入観《せんにゅうかん》　世間体《せけんてい》　感受性《かんじゅせい》　殺風景《さっぷうけい》　画期的《かっきてき》］

3 次の言葉の意味を下から選び、記号で答えなさい。

□① 不可欠《ふかけつ》　ア まったくいらないこと。　イ あったほうがよいこと。　ウ 絶対《ぜったい》に必要《ひつよう》なこと。（　）
□② 風物詩　ア 町や村の特色《とくしょく》を、よく表している物事。　イ 季節《きせつ》らしさを、よく表している物事。　ウ 自然《しぜん》のありのままを表している物事。（　）

作文

60 文を作る(1)

入試必出要点 赤シートでくりかえしチェックしよう！

二つの文を、一つの文にまとめる

①順接《じゅんせつ》の接続詞《せつぞくし》でつながれた文。

例
・ぼくはサッカーが大好《だいす》きだ。
・だから、毎日練習している。

→ ぼくはサッカーが大好きな**ので**（大好きだ**から**）、毎日練習している。

「〜ので」「〜から」などを使ってまとめる。

例
・私《わたし》が部屋の窓《まど》を開けた。
・すると、さわやかな風が入ってきた。

→ 私が部屋の窓を開ける**と**、さわやかな風が入ってきた。

「〜と」を使ってまとめる。

②逆接《ぎゃくせつ》の接続詞でつながれた文。

例
・今日は天気がよかった。
・でも、外で遊ぶことはできなかった。

→ 今日は天気がよかった**が**（よかった**のに**・よかった**けれども**）、外で遊ぶことはできなかった。

「〜が」「〜のに」「〜けれども」などを使ってつなぐ。

③並立《へいりつ》・添加《てんか》の接続詞でつながれた文。

例
・かれは足が速い。
・また、サッカーも上手だ。

→ かれは足が速い**し**（速い**うえに**）、サッカーが上手だ。

「〜し」「〜うえに」などを使ってまとめる。

④対比《たいひ》・選択《せんたく》の接続詞でつながれた文。

例
・今度の休みには、山へ行きますか。
・それとも、海へ行きますか。

→ 今度の休みには、山**か**（山、**それとも**）海のどちらへ行きますか。

「〜か（、それとも）…のどちら（へ）」などを使ってまとめる。

三つの文を、一つの文にまとめる

話の流れや接続詞の役割《やくわり》を考えて、一つの文にまとめる。

例
・今日はとても天気がよかった。
・また、さわやかな風もふいていた。
・だから、母と散歩《さんぽ》に出かけた。

→ 今日は天気がよかったし、さわやかな風もふいていたので、母と散歩に出かけた。

「また」は**並立・添加**、「だから」は**順接**の接続詞。それぞれに合った言葉を使ってまとめる。

▶解答は別冊14ページ

1 次の㋐・㋑の文を、〈　〉の言葉を使い、一つの文にまとめて書きなさい。

□①
㋐ 昨日《きのう》は雨だった。
㋑ しかし、母と買い物に出かけた。　〈～が〉

□②
㋐ 今日は休日だ。
㋑ だから、家でゆっくりしようと思う。　〈～ので〉

□③
㋐ 今月は寒さが厳《きび》しかった。
㋑ しかも、例年以上《れいねんいじょう》に雪がたくさん降《ふ》った。　〈～し〉

□④
㋐ 君は、コーヒーを飲みますか。
㋑ それとも、紅茶《こうちゃ》を飲みますか。　〈～か…のどちら〉

2 次の㋐～㋒の文を、順《じゅん》につなぐとき、□にあてはまる言葉を□から選《えら》び、書きなさい。（言葉は何回使ってもよい。）

□①
㋐ 少し頭痛《ずつう》がした。
㋑ □、体がだるかった。
㋒ □、体育の授業《じゅぎょう》は休むことにした。
㋑（　　）　㋒（　　）

□②
㋐ 時間があまりなかった。
㋑ □、練習が十分にできなかった。
㋒ □、試合《しあい》には勝てた。
㋑（　　）　㋒（　　）

□③
㋐ 私《わたし》は家へ帰りました。
㋑ □、いとこが来ていました。
㋒ □、いっしょにゲームをして遊びました。
㋑（　　）　㋒（　　）

□④
㋐ 外は風が強い。
㋑ □、雨まで降り出した。
㋒ □、用事があって出かけなければならない。
㋑（　　）　㋒（　　）

だから　しかし　それに　すると

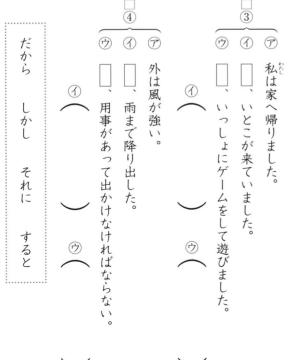

作文

61 文を作る(2)

入試必出要点　赤シートでくりかえしチェックしよう！

一つの文を、二つの文に分ける

①順接《じゅんせつ》の接続詞《せつぞくし》を使って分ける。

例　ぼくはつりが大好《だいす》きなので、休みの日は、よくつりに出かけます。

→
・ぼくはつりが大好きです。
・**だから、**休みの日には、よくつりに出かけます。

「ので」の前後で二つの内容《ないよう》が述《の》べられているので、ここで分ける。また、前後が**順接の関係《かんけい》**なので、「だから」「それで」「そこで」などの接続詞を使う。

例　私《わたし》がえさを持っていくと、子犬はいつも大喜《おおよろこ》びする。

→
・私がえさを持っていく。
・**すると、**子犬はいつも大喜びする。

「と」の前後で分ける。**順接の関係**で、このような場合は、ふつう「すると」を使う。

②逆接《ぎゃくせつ》の接続詞を使って分ける。

例　明日は遠足なのに、どうやら天気がくずれるらしい。

→
・明日は遠足だ。
・**けれども、**どうやら天気がくずれるらしい。

「のに」の前後で分ける。また、前後が**逆接の関係**なので、「けれども」「しかし」「ところが」などを使う。

③並立《へいりつ》・添加《てんか》の接続詞を使って分ける。

例　今日は雨が降《ふ》り続《つづ》いているし、強い風もふいている。

→
・今日は雨が降り続いている。
・**それから、**強い風もふいている。

「し」の前後で分ける。また、前後が**並立・添加の関係**なので、「それから」「そのうえ」「そして」などを使う。

④対比《たいひ》・選択《せんたく》の接続詞を使って分ける。

例　今夜はカレーライスかハンバーグを食べたい。

→
・今夜はカレーライスを食べたい。
・**あるいは、**ハンバーグを食べたい。

「か」の前後で分ける。前後が**対比・選択の関係**なので、「あるいは」「または」「もしくは」などを使う。

一つの文を、三つの文に分ける

例　ぼくは野球が大好きだから、毎日練習しているが、なかなか上達《じょうたつ》しない。

→
・ぼくは野球が大好きだ。
・**だから、**毎日練習している。
・**だが、**なかなか上達しない。

「から」の前後は**順接の関係**、「が」の前後は**逆接の関係**だから、それぞれに合う接続詞を使う。

▶解答は別冊15ページ

理解度チェック!

学習日　月　日

1 次の文を、「だから」「しかし」のどちらかを使って、二つの文に分けて書きなさい。

□① 一時間も考えたのに、結局《けっきょく》、その問題は解《と》けなかった。

（　　　）
（　　　）

□② 体の健康《けんこう》が大切なので、食事やすいみんに気をつけよう。

（　　　）
（　　　）

2 次の文を、二つの文に分けたとき、□にあてはまる言葉を□から選《えら》び、書きなさい。

□① ぼくはゲームがしたいし、借《か》りた本も読みたい。

・ぼくはゲームがしたい。

・□、借りた本も読みたい。（　　　）

□② 列車が駅に止まると、いそのかおりがただよってきた。

・列車が駅に止まった。

・□、いそのかおりがしてきた。（　　　）

それとも　すると　それから　けれども

3 次の文を、三つの文に分けたとき、□にあてはまる言葉を□から選び、書きなさい。

□・先生のけいこはとても厳《きび》しいが、私《わたし》はピアノをひくのが大好《だいす》きなので、くじけずにがんばろうと思う。

㋐ 先生のけいこはとても厳しい。

㋑ □、私はピアノをひくのが大好きだ。

㋒ □、くじけずにがんばろうと思う。

㋑（　　　）
㋒（　　　）

それで　または　しかし　そのうえ

4 次の文を、〈　〉の二つの言葉を使い、三つの文に分けて書きなさい。

□・時間が足りなくて、劇《げき》のけいこが十分にできなかったが、本番ではうまく演《えん》じることができた。〈ところが・それで〉

（　　　）
（　　　）
（　　　）

62 文を作る(3)

入試必出要点　赤シートでくりかえしチェックしよう！

くふうして、二つ、三つの文をまとめる

① 指し示《しめ》す言葉の内容《ないよう》をあてはめる。

例
・兄がケーキを食べた。
・それを見て、弟も食べ始めた。

← 兄がケーキを食べたのを見て、弟も食べ始めた。

「それ」は、「兄がケーキを食べたこと」を指しているので、後の文の「それ」に、指し示す内容をあてはまる形に直してまとめる。

② 一つの文の中に、他の文の内容を入れる。

例
・私はねこを飼《か》っている。
・チャコという名前のねこだ。

← 私はチャコという名前のねこを飼っている。

「チャコという名前の」がそのままの形で入る。

例
・暑い夏が過《す》ぎ去った。
・秋がやってきた。
・秋はすずしくて過ごしやすい。

← 暑い夏が過ぎ去り、すずしくて過ごしやすい秋がやってきた。

「秋」について説明《せつめい》している三つ目の文の内容を、二つ目の文に入れ、最初《さいしょ》の文に続《つづ》ける形でまとめる。

くふうして、二つ、三つの文に分ける

① 指し示す言葉を使って分ける。

例 親鳥が飛《と》ぶのを見て、ひな鳥も飛び立った。

← ・親鳥が飛んだ。
・それを見て、ひな鳥も飛び立った。

二つの内容に分けると、「親鳥が飛んだ。」と「親鳥が飛ぶのを見て、ひな鳥も飛び立った。」になる。ここで、同じ内容のくり返しをさけるため、前の「親鳥が飛んだ」の内容を、「それ」という**指し示す言葉**で受けて表す。

例 一回戦《せん》で負けたのは、練習が足りなかったからだ。

← ・一回戦で負けた。
・**それ**は、練習が足りなかったからだ。

前の「一回戦で負けた」を「それ」で受けて表す。

② 具体例《れい》や説明部分を分けて表す。

例 父は休日に、買い物へ行ったり料理《りょうり》を作ったりして、母を休ませていた。

← ・父は休日に、母を休ませていた。
・買い物へ行った。
・それに、料理も作った。

具体例を二つに分け、接続詞《せつぞくし》などを使って表す。

▶解答は別冊15ページ

理解度チェック!

学習日　月　日

1 次の㋐・㋑の文を、[条件《じょうけん》]に従《したが》い、一つの文にまとめて書きなさい。

□① ㋐ 私《わたし》たちが話し合っていた。
㋑ それを聞いて、先生がアドバイスをしてくれた。
[条件] ㋑の「それ」に、指し示《しめ》す内容《ないよう》をあてはめる。

(　　)

□② ㋐ ぼくは今、本を読んでいます。
㋑ 夏目漱石《なつめそうせき》の「坊《ぼ》っちゃん」という本です。
[条件] ㋑の内容を㋐に入れる。

(　　)

2 次の㋐〜㋒の文を一つの文にまとめたとき、□にあてはまる言葉を書きなさい。

□ ㋐ 今日は、たくさん手伝《てつだ》いをした。
㋑ 庭のそうじをした。
㋒ 夕食の後かたづけをした。
↓
・今日は、□して、たくさん手伝いをした。

(　　)

3 次の文を、指し示す言葉を使い、二つの文に分けて書きなさい。

□・かの女がピアノが上手なのは、小さいころから習っているからだ。

(　　)
(　　)

4 次の文を三つの文に分けたとき、(　)にあてはまる文を書きなさい。

□① 冬休みには、スキーをしたりスケートをしたりして、スポーツを楽しんだ。
・スキーをした。
・それから、スケートもした。
・(　　)

□② 昨日《きのう》食べた、大つぶのおいしいさくらんぼは、山形県に住むおばさんが送ってくれたものだ。
・昨日さくらんぼを食べた。
・(　　)
・それは、山形県に住むおばさんが送ってくれたものだった。

▶解答は別冊16ページ

集中学習

漢字の読み書き①

学習日　月　日　得点　点

1 次の――線部の漢字の読みがなを書きなさい。

一つ5点（50点）

① 広告《こうこく》用のポスターを刷る。（　）

② その考え方は安易だ。（　）

③ 臨時の電車が運行される。（　）

④ 長年の願《ねが》いが成就した。（　）

⑤ 友人の恩《おん》に報いる。（　）

⑥ テレビで新製品《せいひん》を宣伝する。（　）

⑦ 牛やぶたを飼育する。（　）

⑧ 世の中の風潮に流される。（　）

⑨ 勝っていても、油断《ゆだん》は禁物だ。（　）

⑩ 迷惑《めいわく》な行為《こうい》が横行する。（　）

2 次の――線部のカタカナを漢字に直しなさい。

一つ5点（50点）

① 小麦粉《こむぎこ》に水を加《くわ》えてネる。（　）

② 相手はイガイにも強くなかった。（　）

③ 強くインショウに残《のこ》る。（　）

④ 村のデントウ行事を守る。（　）

⑤ 神様に手を合わせてオガむ。（　）

⑥ 足りない部分をオギナう。（　）

⑦ 環境《かんきょう》問題にカンシンをもつ。（　）

⑧ 申しこみ用紙をユウソウする。（　）

⑨ 最新《さいしん》の機器《きき》をソナえる。（　）

⑩ 船のモケイを組み立てる。（　）

▶解答は別冊16ページ

集中学習

漢字の読み書き②

学習日　月　日　得点　点

1 次の――線部の漢字の読みがなを書きなさい。　一つ5点（50点）

① 父は農業を営んでいる。（　　）

② 細心の注意をはらう。（　　）

③ 部下を海外へ派遣する。（　　）

④ 皮革製品《せいひん》を売る店。（　　）

⑤ 江戸《えど》時代にできた街道。（　　）

⑥ 君の言うことは的を射《い》ている。（　　）

⑦ 予定を口頭で伝《つた》える。（　　）

⑧ 町の戸数が減《へ》ってきている。（　　）

⑨ 試合《しあい》の形勢は有利《ゆうり》にかたむいた。（　　）

⑩ 雨具を持って出かける。（　　）

2 次の――線部のカタカナを漢字に直しなさい。　一つ5点（50点）

① 会社のソシキを見直す。（　　）

② 困《こま》っている人をキュウサイする。（　　）

③ スポーツ関係《かんけい》のザッシを読む。（　　）

④ おもしろかった本を友人にカす。（　　）

⑤ 新しいシュウショク先をさがす。（　　）

⑥ 外国からコクモツを輸入《ゆにゅう》する。（　　）

⑦ 物事をタンジュンに考える。（　　）

⑧ 先進国のシュノウが集まる。（　　）

⑨ コショウした自動車を直す。（　　）

⑩ かれを委員長にオす。（　　）

▶解答は別冊16ページ

集中学習 漢字の読み書き③

学習日　　月　　日　得点　　点

1 次の――線部の漢字の読みがなを書きなさい。 一つ5点（50点）

□① 細かい説明《せつめい》は割愛する。（　　）
□② ここから先は道が険しい。（　　）
□③ 職人《しょくにん》としての技術《ぎじゅつ》を会得する。（　　）
□④ 三人分の布団をしく。（　　）
□⑤ かれは、まじめで律儀な人だ。（　　）
□⑥ 集合場所で参加《さんか》者を点呼する。（　　）
□⑦ 商品の発送を承ります。（　　）
□⑧ 小川の魚を素手でつかまえる。（　　）
□⑨ 過去《かこ》の行動を省みる。（　　）
□⑩ 混雑《こんざつ》して収拾がつかない。（　　）

2 次の――線部のカタカナを漢字に直しなさい。 一つ5点（50点）

□① 海岸にソって走る。（　　）
□② 帰宅《きたく》してシャワーをアびる。（　　）
□③ この薬は、かぜによくキく。（　　）
□④ バスのウンチンが上がる。（　　）
□⑤ かんとくが、チームをヒキいる。（　　）
□⑥ 意気ごんで試合《しあい》にノゾむ。（　　）
□⑦ 店のリエキが上がってきた。（　　）
□⑧ ギターをエンソウする。（　　）
□⑨ 本来の力をハッキする。（　　）
□⑩ ショウライは医師《いし》になりたい。（　　）

▶解答は別冊16ページ

集中学習

漢字の読み書き④

学習日　月　日　得点　点

1 次の——線部の漢字の読みがなを書きなさい。　一つ5点（50点）

① 姉の洋服を拝借する。（　）
② 新しい練習方法《ほうほう》を試みる。（　）
③ 先生の指図で作業を進める。（　）
④ 生きた心地がしなかった。（　）
⑤ 部屋の障子を張《は》りかえる。（　）
⑥ 額のあせをぬぐう。（　）
⑦ 日本には、多くの河川がある。（　）
⑧ ほおが赤みを帯びる。（　）
⑨ 最寄りの駅まで歩いて五分だ。（　）
⑩ 事件《じけん》の解決《かいけつ》は困難《こんなん》を極めた。（　）

2 次の——線部のカタカナを漢字に直しなさい。　一つ5点（50点）

① 計画はケントウの余地《よち》がある。（　）
② 団体《だんたい》生活で、キリツを守る。（　）
③ 台所をセイケツにする。（　）
④ おもちゃのセンモン店。（　）
⑤ 野菜《やさい》を細かくキザむ。（　）
⑥ 母がマフラーをアむ。（　）
⑦ 人の意見をヒハンする。（　）
⑧ 満足《まんぞく》のいく結果《けっか》をオサめる。（　）
⑨ 国語のセイセキが上がってきた。（　）
⑩ 妹は、まだオサナい。（　）

▶解答は別冊16ページ

集中学習

漢字の読み書き⑤

学習日　　月　　日　　得点　　点

1 次の――線部の漢字の読みがなを書きなさい。

一つ5点（50点）

□① この薬は解熱の成分《せいぶん》をふくむ。

□② 沿道に出て、マラソンを見る。

□③ 器械体操《きかいたいそう》の技をみがく。

□④ 飲酒に因る事故《じこ》が起こる。

□⑤ 相手の作戦《さくせん》を逆手にとる。

□⑥ 薬を飲んで発作をおさえる。

□⑦ クラスの担任の教師《きょうし》。

□⑧ 故人の遺志を引きつぐ。

□⑨ 再来年には小学校を卒業《そつぎょう》する。

□⑩ 参拝《さんぱい》すれば、御利益があるだろう。

2 次の――線部のカタカナを漢字に直しなさい。

一つ5点（50点）

□① 品物をテイキョウする。

□② 駅に売店をモウける。

□③ 列車がケイテキを鳴らす。

□④ キビしい練習をたえぬく。

□⑤ 係の人に荷物をアズける。

□⑥ ココロヨいひとときを過《す》ごす。

□⑦ 人生のキュウキョクの目標《もくひょう》。

□⑧ 行政《ぎょうせい》のコウゾウ改革《かいかく》を行う。

□⑨ ゆずり受けた子犬をカう。

□⑩ シオがだんだん満《み》ちてきた。

▶解答は別冊16ページ

集中学習

漢字の読み書き⑥

学習日　月　日　得点　点

1 次の——線部の漢字の読みがなを書きなさい。一つ5点（50点）

□① 必死《ひっし》の形相でにげる。（　）

□② 九時になったら、直ちに出発する。（　）

□③ 八月も、もう半ばだ。（　）

□④ 野山の草花が春の訪《おとず》れを告げる。（　）

□⑤ わずかな光明が見えてきた。（　）

□⑥ 魚が、まいたえさに群がる。（　）

□⑦ 母の言うことに従う。（　）

□⑧ 計画の意図をはっきりさせる。（　）

□⑨ 友人宅《たく》を訪《たず》ねたが、留守だった。（　）

□⑩ 山の上に築かれた城《しろ》。（　）

2 次の——線部のカタカナを漢字に直しなさい。一つ5点（50点）

□① 多くの時間や資金《しきん》をツイやす。（　）

□② クレーンをソウサする。（　）

□③ 生命のシンピを探求《たんきゅう》する。（　）

□④ 先生にほめられてテれる。（　）

□⑤ 夕食前に宿題をスます。（　）

□⑥ 駅まで、オウフク三十分かかる。（　）

□⑦ まだ考え直すヨチがある。（　）

□⑧ 倉庫《そうこ》には、品物がホウフにある。（　）

□⑨ 電化製品《せいひん》のホショウ書。（　）

□⑩ 国に税金《ぜいきん》をオサめる。（　）

▶解答は別冊16ページ

集中学習

漢字の読み書き⑦

学習日　月　日　得点　点

1 次の――線部の漢字の読みがなを書きなさい。　一つ5点（50点）

□① 一年ぶりに帰省する。（　）
□② 買った服を、早速着てみる。（　）
□③ そろそろ分別がつく年ごろだ。（　）
□④ 休日は、専ら読書をしている。（　）
□⑤ 父の運転する車に便乗する。（　）
□⑥ 静《しず》かな口調で語りかける。（　）
□⑦ 意気地のないことを言う。（　）
□⑧ 祝《いわ》いの日に、はなやかに装う。（　）
□⑨ この通りは往来が少ない。（　）
□⑩ 君の言うことには納得できない。（　）

2 次の――線部のカタカナを漢字に直しなさい。　一つ5点（50点）

□① 水産物《すいさんぶつ》をトラックでユソウする。（　）
□② 勇気《ゆうき》をフルい立たせる。（　）
□③ 市のハッテンを願《ねが》う。（　）
□④ 金庫にキチョウ品をしまう。（　）
□⑤ 問題点の解決《かいけつ》はヨウイではない。（　）
□⑥ ガラスのハヘンを拾い集める。（　）
□⑦ グラウンドを市民《しみん》にカイホウする。（　）
□⑧ もうすぐ日がクれる。（　）
□⑨ 父の田舎《いなか》からりんごがトドく。（　）
□⑩ 今日の相手に勝つのはムズカしい。（　）

▶解答は別冊16ページ

集中学習 漢字の読み書き⑧

学習日　　月　　日　得点　　点

1 次の――線部の漢字の読みがなを書きなさい。　一つ5点（50点）

□① 友人の安否が気づかわれる。（　　）
□② 旅先の昼食代を折半する。（　　）
□③ 母は朗らかな女性《じょせい》だ。（　　）
□④ 京都を経て大阪まで行く。（　　）
□⑤ 家の近所に雑木林がある。（　　）
□⑥ 自伝《じでん》を出版する。（　　）
□⑦ 山道を登って、頂上《ちょうじょう》に至る。（　　）
□⑧ 二百円均一の商品。（　　）
□⑨ カレンダーに予定を記す。（　　）
□⑩ ぬれた服を干しておく。（　　）

2 次の――線部のカタカナを漢字に直しなさい。　一つ5点（50点）

□① メンミツな計画を立てる。（　　）
□② 北国に春がオトズれる。（　　）
□③ 問題はヤサしくはなかった。（　　）
□④ シンゾウがどきどきしてきた。（　　）
□⑤ 先生をソンケイしている。（　　）
□⑥ 友人をパーティーにマネく。（　　）
□⑦ グラスに冷《つめ》たい水をソソぐ。（　　）
□⑧ 何とかして、ツゴウをつける。（　　）
□⑨ 技《わざ》を弟子《でし》にデンジュする。（　　）
□⑩ 幸せをツイキュウする。（　　）

▶解答は別冊17ページ

集中学習 漢字の読み書き⑨

学習日　月　日　得点　点

1 次の——線部の漢字の読みがなを書きなさい。　一つ5点（50点）

□① 日ごろから養生する。（　）
□② 古都の風情を楽しむ。（　）
□③ 精進料理《りょうり》を食べる。（　）
□④ 夏は生物《なまもの》が傷みやすい。（　）
□⑤ おきてに背いてしまった。（　）
□⑥ 目上の人を敬う心をもつ。（　）
□⑦ 資金《しきん》が若干不足《ふそく》している。（　）
□⑧ かれは度胸がすわっている。（　）
□⑨ 痛《いた》みが和らいできた。（　）
□⑩ かつての栄光《えいこう》も昔日の感がある。（　）

2 次の——線部のカタカナを漢字に直しなさい。　一つ5点（50点）

□① ネダンが安い品物を選《えら》ぶ。（　）
□② 目標《もくひょう》をタッセイする。（　）
□③ ケーキをキントウに分ける。（　）
□④ おじけづいて、一歩シリゾく。（　）
□⑤ 公平なタイドをとる。（　）
□⑥ 川辺《かわべ》でつり糸をタれる。（　）
□⑦ 大会のユウショウ候補《こうほ》を挙《あ》げる。（　）
□⑧ 科学の進歩がイチジルしい。（　）
□⑨ 主婦《しゅふ》をタイショウとした調査《ちょうさ》。（　）
□⑩ 国のドクリツを宣言《せんげん》する。（　）

▶解答は別冊17ページ

集中学習 漢字の読み書き⑩

学習日　月　日　得点　点

1 次の――線部の漢字の読みがなを書きなさい。　一つ5点（50点）

□① 弱音をはいてはいけない。（　）
□② 開店の資金《しきん》を工面する。（　）
□③ きれいな花束をもらう。（　）
□④ 定石どおりの作戦《さくせん》をとる。（　）
□⑤ 苦いコーヒーを飲む。（　）
□⑥ 神社の境内をそうじする。（　）
□⑦ 友人と交互にボールをける。（　）
□⑧ かばんを無造作に投げ出す。（　）
□⑨ 式の体裁を整える。（　）
□⑩ 大通りの街路樹が美しい。（　）

2 次の――線部のカタカナを漢字に直しなさい。　一つ5点（50点）

□① かれはセイジツな人がらだ。（　）
□② 料理《りょうり》のジュンビをする。（　）
□③ 迷惑《めいわく》をかけたことをアヤマる。（　）
□④ 紙くずをごみ箱にステる。（　）
□⑤ 正しいシセイですわる。（　）
□⑥ 学者のコウエンを聞きに行く。（　）
□⑦ 新しいビルをケンチクする。（　）
□⑧ 母のコキョウは北海道だ。（　）
□⑨ かれはキンベンな人だ。（　）
□⑩ 信頼《しんらい》して仕事をマカせる。（　）

▶解答は別冊17ページ

集中学習 漢字の読み書き⑪

学習日　月　日　得点　点

1 次の――線部の漢字の読みがなを書きなさい。　一つ5点（50点）

□① 仕事を効率よくこなす。（　　）

□② 刃物《はもの》をやすりで研ぐ。（　　）

□③ その話には疑問がある。（　　）

□④ かけ声が勇ましい。（　　）

□⑤ 少数の意見を尊重する。（　　）

□⑥ 母は、料理《りょうり》の手際がよい。（　　）

□⑦ 練習不足《ぶそく》を自覚する。（　　）

□⑧ 若手《わかて》の選手《せんしゅ》が台頭してきた。（　　）

□⑨ 山おくで質素な暮《く》らしを送る。（　　）

□⑩ ピアノが美しい音色を奏でる。（　　）

2 次の――線部のカタカナを漢字に直しなさい。　一つ5点（50点）

□① 体を後ろにソらす。（　　）

□② こわれた機械《きかい》をシュウリする。（　　）

□③ 新しい仕事にツく。（　　）

□④ 列車のシャソウからのながめ。（　　）

□⑤ 読書家で、ハクシキな人。（　　）

□⑥ もめ事を公正にサバく。（　　）

□⑦ 船がコウカイを終える。（　　）

□⑧ かれはコウコウ息子《むすこ》だ。（　　）

□⑨ 血液《けつえき》のケンサをする。（　　）

□⑩ イサギヨく引き下がる。（　　）

▶解答は別冊17ページ

集中学習 漢字の読み書き⑫

学習日　月　日　得点　点

1 次の――線部の漢字の読みがなを書きなさい。

一つ5点（50点）

① 今日は、朝から時雨もようだ。（　　）
② 強情で一歩も引かない人。（　　）
③ かれは、元来明るい性格《せいかく》だ。（　　）
④ 父が居間でくつろいでいる。（　　）
⑤ この道具は何かと重宝している。（　　）
⑥ 賛成《さんせい》の人は挙手してください。（　　）
⑦ 古い家屋が並《なら》んでいる。（　　）
⑧ 国王として君臨する。（　　）
⑨ 子どもが健やかに育つ。（　　）
⑩ 皿を割《わ》ったのは故意ではない。（　　）

2 次の――線部のカタカナを漢字に直しなさい。

一つ5点（50点）

① 話がサイゲンなく続《つづ》く。（　　）
② おいしいとヒョウバンの店。（　　）
③ よけいな物をハブく。（　　）
④ 机《つくえ》にキズがついた。（　　）
⑤ 散歩《さんぽ》がシュウカンになっている。（　　）
⑥ ココロザシを高くもつ。（　　）
⑦ 合格《ごうかく》のロウホウが届《とど》いた。（　　）
⑧ 努力《どりょく》がトロウに終わった。（　　）
⑨ 全国ジュウダンの旅に出る。（　　）
⑩ 大シキュウ品物をそろえる。（　　）

▶解答は別冊17ページ

集中学習 漢字の読み書き⑬

学習日　　月　　日　得点　　点

1 次の――線部の漢字の読みがなを書きなさい。

一つ5点（50点）

□① おもわぬ災いがふりかかる。（　　）
□② 短冊に願《ねが》い事を書く。（　　）
□③ 今年の梅雨入りは平年よりも早い。（　　）
□④ 野球に関《かん》しては素人だ。（　　）
□⑤ 市役所で出納の仕事をする。（　　）
□⑥ 質問《しつもん》に速やかに応答《おうとう》する。（　　）
□⑦ 日光が反射してまぶしい。（　　）
□⑧ 店内を改装する。（　　）
□⑨ 蒸し料理《りょうり》を作る。（　　）
□⑩ 天候不順《てんこうふじゅん》で、野菜《やさい》の値が上がる。（　　）

2 次の――線部のカタカナを漢字に直しなさい。

一つ5点（50点）

□① そうじをソッセンして行う。（　　）
□② 正しい礼儀《れいぎ》サホウを習う。（　　）
□③ 道路のカクチョウ工事。（　　）
□④ ジュウライのやり方を見直す。（　　）
□⑤ コウフンしてさけんだ。（　　）
□⑥ コインをシュウシュウする。（　　）
□⑦ からだのグアイがよい。（　　）
□⑧ 例文《れいぶん》を、いくつかアげる。（　　）
□⑨ 大きく息をスう。（　　）
□⑩ この先は道がせまくてキケンだ。（　　）

▶解答は別冊17ページ

集中学習 漢字の読み書き⑭

学習日　月　日　得点　点

1 次の――線部の漢字の読みがなを書きなさい。一つ5点（50点）

① 魚の大群を発見した。（　）
② さまざまな品物を商う。（　）
③ しばらくの間、家で待機する。（　）
④ 精密にできている機械《きかい》。（　）
⑤ 選手《せんしゅ》の直筆のサイン。（　）
⑥ 消印は七月七日になっている。（　）
⑦ 雨にぬれて悪寒がする。（　）
⑧ 夏至は一年で最《もっと》も日が長くなる。（　）
⑨ 大臣《だいじん》の遊説を聞く。（　）
⑩ 暑いので、水分を補給する。（　）

2 次の――線部のカタカナを漢字に直しなさい。一つ5点（50点）

① 母の言うことにサカらう。（　）
② アタタかいスープを飲む。（　）
③ 映画《えいが》は、アンガイおもしろかった。（　）
④ 旅行の予定を先にノばす。（　）
⑤ 五人の家族をヤシナう。（　）
⑥ 事態《じたい》は思ったよりもシンコクだ。（　）
⑦ 墓《はか》に花をソナえる。（　）
⑧ 大キボな工事が終わる。（　）
⑨ それは政治《せいじ》のリョウイキの問題だ。（　）
⑩ 校庭のテツボウで遊ぶ。（　）

▶解答は別冊17ページ

集中学習 漢字の読み書き⑮

学習日　月　日　得点　点

1 次の——線部の漢字の読みがなを書きなさい。

一つ5点（50点）

① 近くの河原を散歩《さんぽ》する。（　）
② 貧富の差《さ》が大きい。（　）
③ 反対の署名を集める。（　）
④ 物の断面を絵にかく。（　）
⑤ かきがよく熟れている。（　）
⑥ かれのつり好《ず》きは筋金入りだ。（　）
⑦ 冷《つめ》たい水を所望する。（　）
⑧ 遊園地で迷子になる。（　）
⑨ 夏休みを有意義に過《す》ごす。（　）
⑩ しとしとと五月雨が降《ふ》る。（　）

2 次の——線部のカタカナを漢字に直しなさい。

一つ5点（50点）

① 客に会うために時間をサく。（　）
② センレンされたデザイン。（　）
③ 子どものタンジョウ日を祝《いわ》う。（　）
④ 天地ソウゾウの物語。（　）
⑤ おたがいにゴカイがあった。（　）
⑥ 状況《じょうきょう》がゲキテキに変化《へんか》する。（　）
⑦ この絵はカイシンの作だ。（　）
⑧ 昼夜のカンダンの差《さ》が大きい。（　）
⑨ 病気の祖母《そぼ》をカンゴする。（　）
⑩ 水たまりの水がジョウハツする。（　）

▶解答は別冊18ページ

集中学習 漢字の読み書き⑯

学習日　　月　　日　得点　　点

1 次の――線部の漢字の読みがなを書きなさい。

一つ5点（50点）

□① 工場見学の一行が到着《とうちゃく》した。（　）

□② 高い山々が連なる。（　）

□③ 祖父《そふ》が病にたおれる。（　）

□④ 花の種《たね》が発芽する。（　）

□⑤ 老いた犬の世話をする。（　）

□⑥ 木の幹にせみが止まる。（　）

□⑦ あの人は手先が器用だ。（　）

□⑧ 夕映えがとても美しい。（　）

□⑨ まじめな仕事ぶりに敬服する。（　）

□⑩ だれにも有無を言わせない。（　）

2 次の――線部のカタカナを漢字に直しなさい。

一つ5点（50点）

□① 言葉のユライを調べる。（　）

□② この犬はとてもリコウだ。（　）

□③ ゲームにムチュウになる。（　）

□④ 自分のヤクワリを果《は》たす。（　）

□⑤ 会議《かいぎ》の進行役をツトめる。（　）

□⑥ 海外とのボウエキがさかんだ。（　）

□⑦ 行列がミダれることなく続《つづ》く。（　）

□⑧ 小さい子どもがアバれる。（　）

□⑨ 先生のお宅《たく》をホウモンする。（　）

□⑩ あまりのさわがしさにヘイコウする。（　）

▶解答は別冊18ページ

集中学習 漢字の読み書き⑰

学習日　　月　　日　　得点　　点

1 次の――線部の漢字の読みがなを書きなさい。

一つ5点（50点）

□① 朝の空気に秋の気配を感じる。（　　）
□② 空が夕日で赤く染まる。（　　）
□③ 重ね着をして、寒さを防ぐ。（　　）
□④ 先生の教えを片時も忘《わす》れない。（　　）
□⑤ はさみで布地を裁《た》つ。（　　）
□⑥ 費用《ひよう》の内訳を書く。（　　）
□⑦ 一時間ほど、友人と談笑する。（　　）
□⑧ がんばって会社を存続させる。（　　）
□⑨ 頭上に注意しながら歩く。（　　）
□⑩ 公共《こうきょう》の場を掃除する。（　　）

2 次の――線部のカタカナを漢字に直しなさい。

一つ5点（50点）

□① 草花の生育をカンサツする。（　　）
□② 商品をホウソウしてもらう。（　　）
□③ 物語のハイケイを考えながら読む。（　　）
□④ ニクガンで見える星。（　　）
□⑤ 本のカントウの目次を見る。（　　）
□⑥ 技術《ぎじゅつ》のカクシンが進む。（　　）
□⑦ 美しい自然《しぜん》ゲンショウ。（　　）
□⑧ ケッキョク、試合《しあい》に負けた。（　　）
□⑨ マズしい暮《く》らしからぬけ出す。（　　）
□⑩ 消化キカンの病気が治《なお》った。（　　）

▶解答は別冊18ページ

集中学習 漢字の読み書き⑱

学習日　月　日　得点　点

1 次の――線部の漢字の読みがなを書きなさい。 一つ5点（50点）

① ゴールに向かって突進する。（　）
② 子どもに知恵《ちえ》を授ける。（　）
③ 英雄としてもてはやされる。（　）
④ 古い制度《せいど》を是正する。（　）
⑤ 戦《たたか》いに臨《のぞ》んで、武者ぶるいをする。（　）
⑥ 寒さで湖に氷が張る。（　）
⑦ キリスト教の教えを説く。（　）
⑧ 祭りの日に赤飯をたく。（　）
⑨ 今日の対戦《たいせん》相手は手強い。（　）
⑩ 長年、国王に仕える。（　）

2 次の――線部のカタカナを漢字に直しなさい。 一つ5点（50点）

① おくれたワケを話す。（　）
② 費用《ひよう》をみんなでフタンする。（　）
③ 先生の絵をハイケンする。（　）
④ 林の中をサンサクする。（　）
⑤ 勝って、ユウシュウの美をかざる。（　）
⑥ 兄の合格《ごうかく》をイワう。（　）
⑦ 砂浜《すなはま》で貝がらをヒロう。（　）
⑧ おこづかいをチョキンする。（　）
⑨ 板の長さをハカる。（　）
⑩ それはセツジツな問題だ。（　）

▶解答は別冊18ページ

集中学習

漢字の読み書き⑲

学習日　月　日　得点　点

1 次の――線部の漢字の読みがなを書きなさい。

一つ5点（50点）

□① 預金《よきん》の残高を調べる。（　）

□② ざるにみかんを盛る。（　）

□③ 的《まと》に向けて矢を射る。（　）

□④ 波が砂浜に打ち寄《よ》せる。（　）

□⑤ 国と国との境目。（　）

□⑥ 著述の仕事をする。（　）

□⑦ 夜ふかしは体に障る。（　）

□⑧ 俵を積《つ》み上げる。（　）

□⑨ 紙の余白にメモする。（　）

□⑩ 室内を一定の温度に保つ。（　）

2 次の――線部のカタカナを漢字に直しなさい。

一つ5点（50点）

□① 木の枝《えだ》に鳥のスを見つけた。（　）

□② 事件《じけん》のシンソウにせまる。（　）

□③ ショウガイ物を取りのぞく。（　）

□④ 運動会のトキョウソウに出る。（　）

□⑤ 災害《さいがい》からフッコウする。（　）

□⑥ それはシュウチの事実だ。（　）

□⑦ 落ち葉を集めてモやす。（　）

□⑧ さそわれたが、私用《しよう》でコトワる。（　）

□⑨ けんかのチュウサイをする。（　）

□⑩ セイダイな式が行われた。（　）

▶解答は別冊18ページ

集中学習

漢字の読み書き⑳

学習日　月　日　得点　点

1 次の――線部の漢字の読みがなを書きなさい。　一つ5点（50点）

□① 笑顔《えがお》を絶やさない。（　）
□② 生暖かい風がふく。（　）
□③ 温泉場《おんせんば》に湯治に出かける。（　）
□④ 川面のかがやきがまぶしい。（　）
□⑤ 学芸会《がくげい》で芝居をする。（　）
□⑥ ゴール前で競り勝つ。（　）
□⑦ 大会への出場を辞退する。（　）
□⑧ 盆《ぼん》おどりは夏の風物詩だ。（　）
□⑨ 小豆をやわらかくにる。（　）
□⑩ 力不足《ぶそく》は否めない。（　）

2 次の――線部のカタカナを漢字に直しなさい。　一つ5点（50点）

□① たのまれたことをショウチする。（　）
□② みんなでトウロンを重ねる。（　）
□③ コンナンな仕事に立ち向かう。（　）
□④ ほめられてウチョウテンになる。（　）
□⑤ 選手《せんしゅ》がカンシュウに手をふる。（　）
□⑥ まいったとコウサンする。（　）
□⑦ オゴソかな気持ちになる。（　）
□⑧ ここから先の入場をキョカする。（　）
□⑨ チームを全国大会へミチビく。（　）
□⑩ 電化製品《せいひん》のキノウを使いこなす。（　）

中学受験まるっとチェック　国語

■著者　OWAS28
■本文デザイン　キハラ工芸株式会社
ゼム・スタジオ
■キャライラスト　宮島　幸次
■DTP　キハラ工芸株式会社
■Special thanks　K.T.　T.Y.

OWAS28　おわすにじゅうはち
数々の中学受験・高校受験教材を企画・執筆・編集してきたプロの編集チーム。市販だけでなく塾直販教材も多数手がけた実績を持つ。特に中学受験の企画ものを得意とする。

■特許第4796763号

無料音声のご案内

「中学受験《じゅけん》まるっとチェック」シリーズの音声一問一答は、アプリmy《マイ》-oto《オト》-mo《モ》をダウンロードすれば、すべて無料《むりょう》で聞くことができます。

ですが、ほかの教科の音声もためしに聞いてみたい、というご要望《ようぼう》にこたえるために、音声がすぐに聞けるQRコードを用意しました。下のQRコードを読み取って、音声を聞いてみてください。

※通信料《つうしんりょう》はお客様のご負担《ふたん》になります。

※ほかのQRコードを指などでかくしながら、うまく読み取ろう！

中学受験まるっとチェック　算数

中学受験まるっとチェック　理科

中学受験まるっとチェック　社会

中学受験まるっとチェック　社会
音声学習HP

↑歴史《れきし》人物や歴史年代、都道府県《とどうふけん》を音声一問一答で学習できるHPです。もちろん、無料です！

おまけ

頭のよくなる九九トランプ　ククップ

↑かけ算九九が音声で出題されます。段《だん》を選《えら》ぶ、ランダムで出題するなどの選択《せんたく》ができます。勉強前に九九の暗算に挑戦《ちょうせん》して、頭を勉強モードにしよう！　こちらも無料です。

中学受験 まるっとチェック 学習スケジュール表 1

国語

		学習予定日	学習日	対策《たいさく》	復習日	対策《たいさく》
1	類義語・対義語(1)	／	／		／	
2	類義語・対義語(2)	／	／		／	
3	類義語・対義語(3)	／	／		／	
4	三字熟語	／	／		／	
5	四字熟語(1)	／	／		／	
6	四字熟語(2)	／	／		／	
7	四字熟語(3)	／	／		／	
8	四字熟語(4)	／	／		／	
9	四字熟語(5)	／	／		／	
10	四字熟語(6)	／	／		／	
11	慣用句(1)	／	／		／	
12	慣用句(2)	／	／		／	
13	慣用句(3)	／	／		／	
14	慣用句(4)	／	／		／	
15	慣用句(5)	／	／		／	
16	慣用句(6)	／	／		／	
17	慣用句(7)	／	／		／	
18	ことわざ・故事成語(1)	／	／		／	
19	ことわざ・故事成語(2)	／	／		／	
20	ことわざ・故事成語(3)	／	／		／	
21	ことわざ・故事成語(4)	／	／		／	
22	ことわざ・故事成語(5)	／	／		／	
23	漢字の読み方(1)	／	／		／	
24	漢字の読み方(2)	／	／		／	
25	同音異義語(1)	／	／		／	
26	同音異義語(2)	／	／		／	
27	同音異義語(3)	／	／		／	
28	同音異義語(4)	／	／		／	
29	同音異義語(5)	／	／		／	
30	同音異義語(6)	／	／		／	
31	同訓異字(1)	／	／		／	
32	同訓異字(2)	／	／		／	
33	同訓異字(3)	／	／		／	
34	同訓異字(4)	／	／		／	
35	同訓異字(5)	／	／		／	
36	送りがな	／	／		／	
37	漢字の部首	／	／		／	
38	漢字の画数・筆順	／	／		／	
39	漢字の成り立ち（六書）	／	／		／	
40	熟語の組み立て	／	／		／	
41	文の組み立て	／	／		／	

「対策」のらんには，次のような記号を書きこもう

カンペキ→○　まちがえた問題だけ復習→△　全部復習→×

➡軽くノリがついています。ていねいにはがして使いましょう。

中学受験

まるっとチェック

国語

別冊解答

1 類義語・対義語(1)

5ページ

1 ①任務 ②内容 ③音信 ④広告 ⑤欠点 ⑥長所 ⑦刊行 ⑧準備 ⑨重宝 ⑩同意 ⑪不在 ⑫真心 ⑬手段 ⑭未開 ⑮関心 ⑯容易

2 ①苦 ②天 ③改 ④永 ⑤不 ⑥志 ⑦文 ⑧予 ⑨料 ⑩然 ⑪験 ⑫名 ⑬来 ⑭礼 ⑮国 ⑯結

2 類義語・対義語(2)

7ページ

1 ①静止 ②後退 ③結果 ④支出 ⑤秘密 ⑥勝利 ⑦理想 ⑧理性 ⑨消費 ⑩拡大 ⑪寒冷 ⑫禁止 ⑬解散 ⑭権利 ⑮増加 ⑯短縮

2 ①点 ②観 ③化 ④字 ⑤決 ⑥意 ⑦然 ⑧常 ⑨接 ⑩視 ⑪価 ⑫洋 ⑬所 ⑭算 ⑮断 ⑯輪

3 類義語・対義語(3)

9ページ

1 ①悪 ②誤 ③望 ④職 ⑤病 ⑥郷 ⑦用 ⑧息

2 ①進歩 ②感心 ③努力 ④利害 ⑤素直 ⑥不足 ⑦達成 ⑧進退

3 ①原 ②有 ③平 ④急

4 ①革新 ②建設 ③分散 ④民主 ⑤例外 ⑥節約 ⑦過失 ⑧不和 ⑨服従 ⑩豊富

4 三字熟語

11ページ

1 ①紅 ②青 ③黒 ④金

2 ①頂・天 ②帳・面 ③間・一

3 ①オ ②ウ ③カ ④イ ⑤キ ⑥ア ⑦エ

解説 ある決まった意味で使いならわされてきた三字熟語《じゅくご》である。読み方と意味はしっかりと覚《おぼ》えておこう。

5 四字熟語(1)

13ページ

1 ①進・退 ②朝・夕 ③期・会 ④喜・憂

2 ①一心 ②一石 ③暗中 ④意気

3 ①意気投合 ②以心伝心 ③一日千秋 ④一部始終 ⑤異口同音 ⑥一意専心

解説
1 四字熟語には、漢数字を使ったものが数多くある。「一□一□」の形の□にあてはまる漢字は、反対の意味の漢字の組み合わせであることが多い。
3 ③「一日千秋」は「いちにちせんしゅう」とも読む。

6 四字熟語(2)

15ページ

1 ①前・後 ②右・左 ③死・生

2 ①想・外 ②心・暗 ③散・消 ④引・水

3 ①長・ウ ②長・キ ③果・ア ④栄・カ ⑤転・エ ⑥喜・オ ⑦一・イ

解説
3 ⑦「危機一髪《ききいっぱつ》」とは、「髪《かみ》の毛一本ほどの差《さ》で、危機におちいってしまうような状態《じょうたい》」を表す。

7 四字熟語(3)

17ページ

1 ①画・賛 ②給・足 ③業・得

2 ①五里 ②才色 ③正大 ④両論 ⑤無私

3 ①再三再四 ②古今東西 ③四苦八苦 ④三寒四温 ⑤言語道断 ⑥空理空論

解説

1 同じ形の四字熟語《じゅくご》として、ほかに「自由自在《じゆうじざい》」「自作自演《じさくじえん》」「自問自答《じもんじとう》」にも注意しておこう。

3 ①「再三《さいさん》」という二字熟語でも使われ、「たびたび」の意味。この意味を強めて使われるのが「再三再四《さいさんさいし》」である。⑤「道」を「同」と書かないように注意。また、熟語の読みで、「言語」の部分を「げんご」と読まないように注意する。

8 四字熟語(4)

19ページ

1 ①晴・雨 ②弱・強 ③小・大

2 ①十・十 ②千・一 ③七・八 ④四・六

3 ①絶 ②自

4 ①機・エ ②意・ウ ③一・ア ④青・オ ⑤誤・イ

解説

2 ①「色」は「人の考え方や好み《この》」を表す。

4 ④「青」を「晴」とするミスが多いので注意。熟語《じゅくご》全体でまとめて覚《おぼ》える。

9 四字熟語(5)

21ページ

1 ①多 ②適

2 ①二・三 ②千・万

3 ①同・異 ②東・西 ③日・月

4 ①未・カ ②不・ア ③令・エ ④大・オ ⑤火・イ ⑥単・ウ

解説

4 ①「未聞《みもん》」は「まだ聞いたことがない」の意味。「晩《ばん》」は「人生のおそい時期」を表す。④「器《き》」は「人がらや能力《のう》」を表す。⑥「単《たん》」を「短」としないように注意しよう。

10 四字熟語(6)

23ページ

1 ①半 ②不

2 ①ばじとうふう・エ ②はっぽうびじん・イ ③ゆうめいむじつ・オ ④ぼうじゃくぶじん・ア ⑤ろうにゃくなんにょ・ウ

3 ①本・転 ②身・世 ③臨・応 ④不・言 ⑤意・周

4 ①無我~~無~~中→夢 ②~~不~~和雷同→付

解説

4 ①熟語《じゅくご》の頭に「無《む》」があるので、まちがえやすい。②「和」には「人に合わせる」の意味があり、「不和《ふわ》」は「仲《なか》が悪い」という意味になる。「ふらいどう」は、その逆《ぎゃく》の「考えもせず、人に合わせる」という意味だから、「不和」はまちがいである。

11 慣用句(1)

25ページ

1 ①息 ②塩 ③板 ④油 ⑤目 ⑥元 ⑦棒

2 ①鳴る・エ ②出す・イ ③使う・カ ④出る・オ ⑤引っぱる・ア ⑥着かない・ウ

解説

1 ④「油をしぼる（＝失敗《しっぱい》などを厳《きび》しくしかる）」「火に油をそそぐ（＝勢《いきお》いのあるものを、さらに勢いよくする）」なども覚《おぼ》えておこう。

2 ①「腕《うで》に覚えがある（＝自分の技術《ぎじゅつ》や能力《のうりょく》に自信《じしん》がある）」「腕によりをかける（＝能力を発揮《はっき》しようとしてはりきる）」なども覚えておこう。

12 慣用句(2)

27ページ

1 ① 顔　② 肩

2 ① 顔にどろをぬり　② 顔がきく　③ 顔から火が出

3 ① ウ　② カ　③ イ　④ エ　⑤ ア　⑥ キ　⑦ オ

解説

3 ①「馬とその乗り手の息がぴったり合うこと」を表し、そこから、人どうしの心の通い合いを意味するようになった。④「昔、戦場《せんじょう》で、敵《てき》に降参《こうさん》することを示《しめ》すためにかぶとをぬいだ」ということからのたとえ。

13 慣用句(3)

29ページ

1 ① さす　② 投げる　③ 病む　④ 冷やす　⑤ 割る　⑥ 重い

2 ① 首　② 口

3 ① 気・イ　② 気・エ　③ 肝・ウ　④ 肝・ア

解説

1 ④「肝《きも》」は、「心、気力、精神《せいしん》力」を表す。

2 ②「口火《くちび》を切る」の「口火」は、「昔、火なわじゅうを点火させるのに使った火」のこと。そこから「あることが起こるきっかけ」を表す。

3 ②ここでの「気」は、「心配、心づかい」の意味。それが「置けない」とは、「心づかいがいらない」ことを表す。

14 慣用句(4)

31ページ

1 図

2 ① つけられない　② 巻く　③ かじる　④ 切らす　⑤ かえられない　⑥ 立つ

3 ① しのぎをけずる　② 高をくくる　③ つるの一声　④ 玉にきず　⑤ すずめのなみだ　⑥ 立て板に水

解説

2 ②「舌《した》を巻《ま》く」は、もともと「口がきけなくなる様子」を表し、「おどろいたり感心したりする程度《ていど》が大きいこと」をたとえた言い方である。

3 ①「しのぎ」は、「刀の、刃《は》と背《せ》の中間部分」の、少しもり上がった部分のこと。そこを「けずるように激《はげ》しく戦《たたか》う様子」からのたとえ。

15 慣用句(5)

33ページ

1 ① 鼻　② 手

2 ① 寝耳に水　② 根も葉もない　③ ねこの額　④ 頭角を表す

3 ① 余る　② ぬく　③ 立たない　④ かぶる　⑤ のむ　⑥ ふむ

解説

1 各組の慣用句《かんようく》で、□にあてはまる漢字が限《かぎ》られそうなほうの言葉をつかむ。ここでは、①「あしらう」、②「あせをにぎる」という言葉に注目する。

2 ②「根も葉もない」の使い方としては、慣用句の後に「うわさ」「話」「言いがかり」などの言葉がくることを覚えておこう。

3 ④「ねこ」は、一般的《いっぱんてき》に「ふだんは家にいて、ねむってばかりいるおとなしい動物」とされていた。そこからのたとえの表現《ひょうげん》。

16 慣用句(6)

35ページ

1 ① 腹　② 耳

2 ① 水に流す　② 非の打ちどころがない　③ 羽をのばす　④ 鼻につく

3 ① 骨を折る　② ひざを交える　③ 耳が痛い　④ 歯に衣着せぬ　⑤ 鼻を明かす　⑥ 水を差す

解説

2 ①何かを水で流してしまえば、あとには何も残《のこ》らない。そのような様子からのたとえの表現《ひょうげん》。

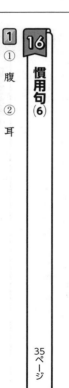

17 慣用句(7)

37ページ

1 虫

2 目

3 ①粉 ②胸 ③指

4 ①エ ②カ ③ウ ④ア ⑤キ ⑥イ ⑦オ

解説

1 「虫」は、「人の意識《いしき》や感情《かんじょう》を動かす何か」をたとえたもの。

3 ①「粉」は「こ」と読むことに注意しよう。

4 ③「も」は「……さえも」の意味で、様子を強調する。あることに集中しているときに、「そのほかのものには目もくれない」のように使われる。

18 ことわざ・故事成語(1)

39ページ

1 ①三 ②千 ③㋐一 ㋑五

2 ①はち ②あり ③かわず

3 エ

4 ①回れ・エ ②医者・オ ③雨・イ ④山・ア ⑤案ずる・ウ

解説

1 ③「一寸《いっすん》」は約《やく》三・〇三センチメートルで、「五分《ごぶ》」はその半分の長さ。つまり、「小さい体でも、体の半分くらいのたましいをもっているから、ばかにはできない」ということ。

3 「がんじょうな石橋だからだいじょうぶなのに、たたいて安全を確《たし》かめてからわたる」ということで、「用心深さ」をたとえた表現《ひょうげん》。

19 ことわざ・故事成語(2)

41ページ

1 ①エ ②カ ③ア ④オ ⑤ウ ⑥イ

2 ①魚 ②馬 ③たい ④かえる ⑤かめ ⑥きじ

3 ①功 ②利

解説

2 ①もともとは「魚《うお》、心あれば、水、心あり」という言葉で、「魚に水と親しむ心があれば、水にもそれに応《おう》じる心がある」ということから生まれた言葉。

20 ことわざ・故事成語(3)

43ページ

1 ①百歩 ②説法 ③白ばかま

2 ①仏 ②筆 ③矢 ④百

3 ①イ ②カ ③オ ④ア ⑤エ ⑥ウ

解説

1 ②「釈迦《しゃか》」は仏教《ぶっきょう》を開いた人物。そんな人に「説法《せっぽう》(仏教の教えを説《と》くこと)」をするということから、よけいなことをすることのおろかさをたとえた言葉。③「紺屋《こうや》」は「染《そ》め物屋」のこと。「染め物屋が、客の染め物に手いっぱいで、自分の物は染められず、白いはかまをはく」ことからのたとえ。

2 ②「弘法《こうぼう》」は、書道の名人であった「弘法大師《だいし》」のこと。③「光《こう》」は「太陽」、「陰《いん》」は「月」のことで、「光陰」は「月日、時間」を表す。

21 ことわざ・故事成語(4)

45ページ

1 二

2 ①ねこ ②すっぽん ③たか ④鳥 ⑤きつね ⑥たぬき

3 イ

4 ①たなからぼたもち ②灯台もと暗し ③他山の石 ④出るくいは打たれる ⑤ちりも積もれば山となる

解説

4 ③「他の山から出た質《しつ》の悪い石でも、砥石《といし》として使えば、自分の玉(宝石《ほうせき》)をみがくのに役立つ」ということからのたとえ。

22 ことわざ・故事成語(5)

47ページ

1 ①オ ②エ ③ア ④カ ⑤イ ⑥ウ

2 ①三 ②七 ③㋐百 ㋑一 ④㋐三 ㋑百

3 ①横 ②身 ③戸 ④能

解説

1 ①「川を背《せ》に戦いの陣《じん》をしいて退路《たいろ》を断《た》ち、兵士《へいし》に決死のかくごをさせて、ついに勝利《しょうり》を収《おさ》めた」という故事《こじ》による。②「念入《ねんい》り」という言葉も覚《おぼ》えておこう。④「世間は、鬼《おに》のように冷《つめ》たい薄情《はくじょう》な人ばかりではない」ということ。⑥「熱《あつ》い物も、飲みこんでのどを通ってしまえば、口に入れたときの熱さを忘《わす》れてしまう」ということからのたとえ。

3 ④「能《のう》」は「能力、才能」のこと。

23 漢字の読み方(1)

49ページ

1 ①イ ②ア ③エ ④ア ⑤ウ ⑥イ ⑦ウ ⑧エ ⑨ウ ⑩ア ⑪ア ⑫エ ⑬ウ ⑭イ ⑮エ ⑯ウ ⑰エ ⑱ウ

2 ①あいズ ②キャクま ③ぬのジ ④バンぐみ ⑤シンがた ⑥のジュク ⑦ホンね ⑧よわキ ⑨ねダン ⑩リョウがわ

3 ①にんき・ひとけ ②しじょう・いちば ③みょうにち・あす ④じょうず・うわて・かみて

24 漢字の読み方(2)

51ページ

1 ①でし ②こだち ③ゆうぜい ④したく ⑤ゆいごん ⑥しょうじん ⑦くよう ⑧けいだい ⑨こんりゅう ⑩じょうじゅ ⑪しんく ⑫さっそく ⑬ていさい ⑭ごういん ⑮ちょうほう ⑯るふ ⑰ふぜい ⑱とんや ⑲げし ⑳なっとく ㉑かいどう ㉒けびょう

2 ①みやげ ②しろうと ③うなばら ④かわら ⑤いなか ⑥もめん ⑦あま ⑧じゃり ⑨なごり ⑩まいご ⑪あずき ⑫ひより ⑬ここち ⑭しぐれ ⑮えがお ⑯わこうど ⑰ざこ ⑱ゆくえ ⑲いくじ ⑳さみだれ

25 同音異義語(1)

53ページ

1 ①㋐義 ㋑義 ㋒議 ②㋐動 ㋑動 ㋒同 ③㋐園 ㋑演 ④㋐会 ㋑改

2 ①㋐遺志 ㋑意志 ㋒意思 ②㋐異常 ㋑異状 ③㋐衛生 ㋑衛星 ④㋐以外 ㋑意外 ⑤㋐移行 ㋑意向

解説

1 ①㋒「異議《いぎ》」は、ふつう、反対や不服《ふふく》の意見を表し、「異論《いろん》」とほぼ同じ意味である。④㋐「快心」などとしないように注意。「会心の作」という言い方を覚《おぼ》えておこう。

2 ①㋑「意志薄弱《いしはくじゃく》」「意志強固《きょうこ》」、㋒「意思表示《ひょうじ》」などの言葉も覚えておこう。

26 同音異義語(2)

55ページ

1 ①㋐回答 ㋑解答 ②㋐街灯 ㋑街頭 ③㋐観衆 ㋑慣習 ④㋐確信 ㋑革新 ⑤㋐化学 ㋑科学

2 ①㋐開放 ㋑解放 ②㋐課程 ㋑過程 ③㋐感心 ㋑関心 ④㋐観賞 ㋑感傷

解説

1 ①㋑「解答《かいとう》」は「問題に対して答えを出す」という場合に使われる。⑤㋐

「化学」は「自然《しぜん》科学」の一部門、④「科学」は、ある領域《りょういき》を研究して得《え》られた知識《ちしき》をまとめ、応用《おうよう》を考える学問のこと。「自然科学」「社会科学」などがあり、「化学」よりもはるかに広い意味で使われる。

2 ①㋐「開放」は「閉じていたものを開け放す」、㋑「解放《かいほう》」は「とらえていたものを解《と》き放す」という意味。③まちがえやすい同音異義語《いぎご》の一つ。㋐「感心」は「感動」、㋑「関心《かんしん》」は「興味《きょうみ》」に意味が似《に》ている。

27 同音異義語(3) 57ページ

1 ①㋐ 会 ㋑ 械 ㋒ 械 ②㋐ 関 ㋑ 間 ㋒ 官
③㋐ 元 ㋑ 源 ④㋐ 走 ㋑ 争

2 ①㋐ 競技 ㋑ 協議 ②㋐ 規格 ㋑ 企画
③㋐ 帰省 ㋑ 規制 ㋒ 気勢
④㋐ 気候 ㋑ 起工 ㋒ 機構 ㋓ 紀行

解説

1 ④㋐「競走《きょうそう》」は、走ることに限《かぎ》られた争《あらそ》い、㋑「競争《きょうそう》」は、広い意味でのさまざまな争いを表す。

2 ④他の同音異義語《いぎご》に「帰港」「寄港《きこう》」などがある。

28 同音異義語(4) 59ページ

1 ①㋐ 減少 ㋑ 現象 ②㋐ 見当 ㋑ 検討
③㋐ 最高 ㋑ 再考 ㋒ 再興
④㋐ 構成 ㋑ 公正 ㋒ 後世 ㋓ 厚生

2 ① 意 ② 人 ③ 形 ④ 再 ⑤ 演

解説

1 ①「減小」などとしないこと。「小さくなること」ではなくて、「少なくなること」を表す。④他の同音異義語《いぎご》に「校正（＝文書などの誤《あやま》りを直すこと）」「更生《こうせい》（＝態度《たいど》や精神《せいしん》を改《あらた》めること）」などがある。

2 ①他の同音異義語に「高位《こうい》（＝高い位《くらい》）」「行為《こうい》（＝行い）」などがある。⑤他の同音異義語に「公園」「後援《こうえん》（＝後方から助けること）」などがある。

29 同音異義語(5) 61ページ

1 ①㋐ 指名 ㋑ 使命 ②㋐ 拾得 ㋑ 習得
③㋐ 修正 ㋑ 終生 ④㋐ 週刊 ㋑ 習慣

2 ①㋐ 指示 ㋑ 支持 ②㋐ 証明 ㋑ 照明
③㋐ 自信 ㋑ 自身 ④㋐ 辞典 ㋑ 事典
⑤㋐ 事態 ㋑ 辞退

解説

1 ②「修得《しゅうとく》」は、㋑「習得」に比《くら》べて、「専門的《せんもんてき》なことを身につける」という意味が強い。

2 ①「指示《しじ》」と意味が似《に》ている言葉として「指図」「指令《しれい》」などがある。⑤他の同音異義語《いぎご》に「自体（＝それそのもの）」などがある。

30 同音異義語(6) 63ページ

1 ①㋐ 保険 ㋑ 保健 ②㋐ 体制 ㋑ 体勢 ㋒ 態勢
③㋐ 対照 ㋑ 対象 ㋒ 対称
④㋐ 容量 ㋑ 要領 ㋒ 用量

2 ①㋐ 針 ㋑ 進 ②㋐ 障 ㋑ 証
③㋐ 清 ㋑ 成 ㋒ 精 ④㋐ 及 ㋑ 究 ㋒ 求

解説

1 ②他の同音異義語《いぎご》に「大勢《たいせい》（＝全体のありさまや成《な》りゆき）」があり、「試合《しあい》の大勢は決まった。」のように使われる。③㋐「対照《たいしょう》」には「比《くら》べ合わせること」の意味もあり、「写真と文章とを対照する。」のように使われる。④㋑「要《よう》領《りょう》」には「物事をうまく処理《しょり》する方法《ほうほう》」の意味もあり、「要領が悪い人。」のように使われる。

31 同訓異字(1)　65ページ

1 ①㋐温 ㋑暖 ②㋐討 ㋑打 ③㋐移 ㋑写 ㋒映 ④㋐空 ㋑明 ㋒開

2 ①㋐謝 ㋑誤 ②㋐追 ㋑負 ③㋐表 ㋑現 ㋒著 ④㋐暑 ㋑厚 ㋒熱

解説

1 ①㋐「水・心」については「温かい」、㋑「空気」については「暖《あたた》かい」と覚《おぼ》えておこう。

2 ④それぞれの「あつい」の対義語《たいぎご》を考えると、意味が区別《くべつ》しやすい。対義語は、㋐「寒い・すずしい」、㋑「うすい」、㋒「冷《つめ》たい・ぬるい」である。

32 同訓異字(2)　67ページ

1 ①飼 ②㋐効 ㋑利 ③㋐型 ㋑形 ④㋐納 ㋑修 ㋒収

2 ①㋐折 ㋑織 ②㋐皮 ㋑革 ③㋐着 ㋑切 ④㋐指 ㋑差 ⑤㋐究 ㋑極

解説

1 ③他の同訓異字《いじ》に「方」「肩《かた》」などがある。④「治《おさ》める」と関連させて、「統《とう》治《ち》（＝国を治め、支配《しはい》すること）という言葉も覚《おぼ》えておこう。㋐「納《おさ》める」には「終わりにする」の意味もあり、「仕事納めをする。」のように使われる。

2 ②動物の「皮」を製品化《せいひんか》したものが「革《かわ》」と覚えよう。

33 同訓異字(3)　69ページ

1 ①㋐覚 ㋑冷 ②㋐済 ㋑住 ③㋐供 ㋑備 ④㋐攻 ㋑責 ⑤㋐付 ㋑着 ㋒就

2 ①㋐潮 ㋑塩 ②㋐務 ㋑勤 ㋒努 ③㋐立 ㋑建 ㋒絶 ㋓断 ㋔裁

解説

1 ①㋐「覚《さ》める」には「我《われ》に返る」の意味もあり、「迷《まよ》いから覚める。」のように使われる。③㋑「備《そな》える」は、「準備《じゅんび》」と関連《かんれん》させて覚《おぼ》えよう。⑤㋑「着席《ちゃくせき》」という言葉をおさえておこう。

2 ③㋓「退路《たいろ》を断《た》つ」という言い方を覚えておこう。

34 同訓異字(4)　71ページ

1 ①㋐治 ㋑直 ②㋐鳴 ㋑泣 ③㋐止 ㋑留 ④㋐解 ㋑説 ⑤㋐望 ㋑臨

2 ①整 ②成 ③延 ④㋐取 ㋑採 ⑤㋐上 ㋑登

解説

2 ①「不足《ふそく》がないようにする」のが「調《ととの》える」、「乱《みだ》れがないようにする」のが「整える」である。⑤㋐「上る」は「下から上へ動く」という意味で、はば広く使われる。㋑「登る」は「木に登る。」「山に登る。」など、使い方が限《かぎ》られる。

35 同訓異字(5)　73ページ

1 ①㋐話 ㋑放 ②㋐速 ㋑早 ③㋐易 ㋑優 ④㋐敗 ㋑破 ⑤㋐技 ㋑業

2 ①㋐経 ㋑減 ②㋐生 ㋑映 ③㋐元 ㋑基 ㋒下 ④㋐計 ㋑量 ㋒測 ㋓図

解説

1 ②㋐「速い」は、「動きや速度にスピードがある」というときに使われる。⑤㋑「早業《はやわざ》」「神業《かみわざ》」「人間業《にんげんわざ》」などの言葉も覚《おぼ》えておこう。

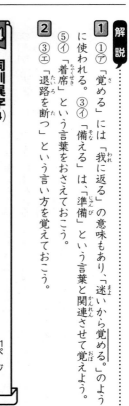

36 送りがな

75ページ

1 ① し ② ない ③ い ④ しい ⑤ せ ⑥ い ⑦ う ⑧ りる ⑨ ず ⑩ い ⑪ い ⑫ める ⑬ も ⑭ しい ⑮ たい ⑯ ない ⑰ び ⑱ い ⑲ やか ⑳ る

2 ① 任せる ② 勇ましい ③ 退く ④ 断る ⑤ 志す ⑥ 耕す ⑦ 快い ⑧ 確かめる ⑨ 承る ⑩ 試みる ⑪ 著しい

解説

1 ①〜⑥同じ漢字でも、読み方がちがえば、送りがなも変《か》わる。また、四音以上《いじょう》の言葉で、送りがなが一字の漢字に注意する。

37 漢字の部首

77ページ

1 ① ウ・なべぶた ② ア・てへん ③ イ・おおざと ④ イ・ちから ⑤ ウ・はつがしら ⑥ エ・さら ⑦ ア・にすい ⑧ オ・まだれ ⑨ カ・しんにょう（しんにゅう） ⑩ ア にくづき ⑪ イ・りっとう ⑫ キ・もんがまえ ⑬ エ・こころ（したごころ） ⑭ ア・しめすへん ⑮ ア・けものへん ⑯ ウ・うかんむり

2 ① くさかんむり ② れんが（れっか） ③ さんずい ④ しかばね ⑤ えんにょう ⑥ ひとあし ⑦ がんだれ ⑧ ぎょうがまえ（ゆきがまえ） ⑨ おおがい ⑩ こざとへん ⑪ あなかんむり ⑫ のぎへん ⑬ あくび ⑭ たけかんむり ⑮ くにがまえ ⑯ のぶん（ぼくにょう） ⑰ ごんべん ⑱ ぎょうにんべん ⑲ おいかんむり ⑳ やまいだれ ㉑ ころもへん ㉒ りっしんべん

解説

2 「へん」と「つくり」の位置《いち》を取りちがえないように注意する。

38 漢字の画数・筆順

79ページ

1 ① 5 ② 7 ③ 10 ④ 6 ⑤ 7 ⑥ 9 ⑦ 10 ⑧ 7 ⑨ 10 ⑩ 11 ⑪ 7 ⑫ 11 ⑬ 8 ⑭ 11 ⑮ 8 ⑯ 10

2 ① 2 ② 9 ③ 4 ④ 9

3 ① 卄・卄 ② 丨・刂 ③ 月・月 ④ ソ・乂 ⑤ ネ・ネ・ネ ⑥ 丨・厂・厂 ⑦ 尹・尹 ⑧ フ・ヲ・ヺ ⑨ 卩・卩 ⑩ 匚・匚・匚

解説

1 ②「⻌」は三画で書く。⑥「及」は三画で書く。⑦「卌」は五画で書く。⑨「己」は三画で書く。⑩「比」は四画で書く。

2 ①「左」との筆順《ひつじゅん》のちがいに注意しよう。

39 漢字の成り立ち（六書）

81ページ

1 ① 手・鳥・雨 ② 上・三・末 ③ 明・休・岩 ④ 清・絵・河

2 ① イ ② ア

3 ① 森・鳴 ② 中・本 ③ 魚・馬・竹 ④ 花・銅・管

4 ① 意味…食 音…反 ② 意味…心 音…相 ③ 意味…日 音…青 ④ 意味…氵 音…魚

解説

1 ③漢字の意味を考えて、二つの漢字に分けてみる。「明」は「日＋月」、「休」は「イ（人）＋木」、「岩」は「山＋石」。④音を表す部分と意味を表す部分に分けてみる。音を表す部分は、それぞれ「青」「会」「可」。意味を表す部分は、それぞれ「氵」「糸」「氵」。

3 ①「木」を二つ組み合わせたもので、会意《かいい》文字。②線と点で「下」を示《しめ》した指事《しじ》文字。④「寺」が音、「扌」が意味を表す形声《けいせい》文字。

40 熟語の組み立て

83ページ

1 ①年々・国々 ②絵画・寒冷 ③売買・多少 ④再会・他人 ⑤帰国・消火 ⑥国有・県立

2 ①未完 ②無罪 ③不足 ④非番

3 ①強化 ②私的 ③整然 ④母性

4 日銀・原発・国連

解説

1 熟語《じゅくご》の意味を考えてみよう。④「再《ふた》び会う」「他の人」で、上の漢字が下の漢字を説明《せつめい》している。⑤「国に帰る」「火を消す」で、下の漢字が上の漢字の目的語《もくてき》になっている。

41 文の組み立て

85ページ

1 ・文節…赤い｜夕日が｜西の｜山に｜しずむ。
・単語…赤い｜夕日｜が｜西｜の｜山｜に｜しずむ。

2 ①㋐兄は ㋑高校生だ ②㋐メロンが ㋑ある ③㋐風が ㋑さわやかだ ④㋐ぼくだって ㋑持てる

3 ①ふく ②船が ③完成した

4 ①イ ②ウ ③ア

解説

1 文節《ぶんせつ》は、「赤い（ネ）夕日が（サ）西の（ネ）山に（サ）しずむ（ヨ）。」のように、「ネ・サ・ヨ」などを補《おぎな》って区切るとよい。単語《たんご》は、文節の中に付属《ふぞく》語《ご》（他の語にくっつく語）を探《さが》して、さらに細かく区切る。

3 たとえば、②「白い↓大きな」「白い↓船が」のように、一文節ずつ、かかっていく言葉を下へずらしていき、意味が通る最後《さいご》の文節を選《えら》ぶ。

4 主語《しゅご》・述語《じゅつご》の関係《かんけい》をとらえる。①「兄は↓サッカー選手《せんしゅ》だ」で単文《たんぶん》。②「母は↓教師《きょうし》で」「父は↓会社員だ」で重文《じゅうぶん》。③「私《わたし》が↓買った」という主語・述語の関係は、全体で文の中心となる主語「本は」にかかっていくから、複文《ふくぶん》。

42 単語の種類

87ページ

1 ①ウ ②オ ③カ ④ア ⑤ク ⑥エ ⑦㋐キ ㋑イ

2 ①イ ②ア ③ア ④イ ⑤イ ⑥ア

3 ①きれい ②おいしい ③もし ④勇気だ ⑤どこ ⑥おかしな

4 ①少ない ②元気だ ③ある

解説

1 ①言い切りの形は「楽しい」だから、ウ「形容詞《けいようし》」。②動詞《どうし》の「休む」を説《せつ》明《めい》しているから、オ「副詞《ふくし》」。③名詞《めいし》の「日」を説明しているから、カ「連体《れんたい》詞《し》」。⑥言い切りの形は「おだやかだ」だから、エ「形容動詞《けいようどうし》」。⑦㋑言い切りの形は「書く」で、ウ段《だん》の音だから、イ「動詞」。

3 ①「きれい」は「きれいだ」という形容動詞の一部。他は形容詞。②「おいしい」は形容詞。他は動詞。③「もし」は副詞。他は接続詞《せつぞくし》。④「勇気《ゆうき》だ」は「勇気（名詞）＋だ（助動詞《じょどうし》）」。他は形容動詞。⑤「どこ」は名詞。他は連体詞。⑥「おかしな」は連体詞。他は副詞。

43 名詞・動詞

89ページ

1 ①ウ ②エ ③イ ④ア

2 ①おまえ ②ぼく ③それ ④ここ ⑤どこ

3 ①進める ②流れる ③落とす ④起きる

4 ①走れる ②読める ③歩ける ④話せる

5 ①いる ②しまう ③み

解説

3 上の言葉は、①「船が進む」のように「～が…する」の形で使われるから、自動詞《じどうし》。下の言葉は、②「水を流す」のように「～を」という修飾語《しゅうしょくご》をともなうから、他動詞《たどうし》。

5 ③「みたい」は、「みる（補助動詞《ほじょどうし》）＋たい（助動詞《じょどうし》）」の形である。

44 副詞 91ページ

1 ① イ　② ア　③ ア　④ イ

2 ① ない　② ないだろう　③ か　④ ような（ように）
⑤ ほしい

3 ① どうか　② どうして　③ ちょうど　④ とうてい
⑤ おそらく　⑥ たとえ

解説

3 ①相手にお願《ねが》いする言い方。②「おこらずにいられようか、いや、おこらずにはいられない」という反語《はんご》表現《ひょうげん》。

45 接続詞 93ページ

1 ① では　② もしくは　③ けれども　④ そのうえ（ならびに）
⑤ ならびに（そのうえ）　⑥ それで　⑦ つまり

2 ① ところが　② および　③ すると　④ さらに
⑤ または　⑥ なぜなら　⑦ さて

解説

1 ――線部の接続詞《せつぞくし》と入れかえてみて、意味をこわさずに前後がうまくつながるものを選《えら》ぶ。

2 ①「友人」が家にいることが予想されるが、「留守《るす》」だったという逆接《ぎゃくせつ》の関《かん》係《けい》である。⑥「～からだ」という原因《げんいん》・理由を示《しめ》す言い方に注意する。⑦「仕事」のことから「食事」のことへと、話題を転換《てんかん》している。

46 単語の意味・用法⑴ 95ページ

1 ① ウ　② エ　③ イ　④ ア

2 ① 説明される　② なでられる　③ 着られる

3 ① イ　② エ　③ ア　④ ウ

4 イ

解説

1 ①「（…に）～される」という意味の受け身。②「校長先生」に対しての尊《そん》敬《けい》の気持ちを表す。③「自然《しぜん》に（ひとりでに）～する」という自発。④「～することができる」という可能《かのう》。

3 ①補助形容詞《ほじょけいようし》の「～くない」の形。イも同じ形。③「出かけぬ」、ア「買わぬ」と置《お》きかえられる。

47 単語の意味・用法⑵ 97ページ

1 ① 楽しい　② さき　③ なさ

2 ① イ　② ウ　③ ア

3 ① エ　② ア　③ ウ　④ イ

4 イ・エ

解説

1 伝聞《でんぶん》は「言い切りの形＋そうだ」になる。①「楽し」の言い切りの形は「楽しい」。③「ない」「よい」は、様態《ようたい》の「そうだ」がつくと、「なさ」「よさ」となる。

3 ①「名詞《めいし》＋だ」で、断定《だんてい》の助動詞《じょどうし》。③形容動詞《けいようどうし》は、上に「とても」などを補《おぎな》えばわかる。「ひっそりとして（とても）静《しず》かだ」、ウ「ずっと（とても）平和だ」となる。

48 単語の意味・用法⑶ 99ページ

1 ① ウ　② ア　③ イ

2 ① ウ　② イ　③ ア

3 ① 食べよう　② 引き受けよう　③ おだやかだろう

4 ① ウ　② ア　③ エ　④ イ

解説

4 ②「おいしそうなもの」、ア「行くこと」と置《お》きかえられる。

49 単語の意味・用法(4)　101ページ

1 ①オ　②ア　③ウ　④エ　⑤イ

2 イ・エ

3 ウ

4 ①ウ　②オ　③エ　④ア　⑤イ

解説

2 イ「電車によって」、エ「包丁《ほうちょう》によって」という意味で、手段《しゅだん》を表す。

3 問題文もウも、前の部分を原因《げんいん》・理由として、後の事がらが生じていることに注目する。

4 ①「行かない」のように、引用の「と」は、引用部分をかぎ（「　」）でくくることができる。

50 単語の意味・用法(5)　103ページ

1 ①イ　②エ　③ア　④ウ

2 エ

3 ①ウ　②ア　③エ　④イ

4 イ

解説

2 「ただ泣《な》くだけ」という意味で、限定《げんてい》を表す。エも「ジュースだけ飲んでいる」という意味。

4 「雨が降《ふ》らなければ十分だ」と限定する言い方。イも「君が参加《さんか》してくれれば十分だ」という意味。

51 敬語　105ページ

1 ①ウ　②ア　③イ

2 ①来られる　②お持ちする　③おります　④くださいます　⑤うかがった

3 ①㋐おっしゃる　㋑申しあげる（申す）
②㋐ごらんになる　㋑拝見する
③㋐めしあがり　㋑いただく
④㋐なさる　㋑いたし
⑤㋐いらっしゃる　㋑まいり（うかがい）

解説

2 ①・④は尊敬語《そんけいご》、②・③・⑤は謙譲語《けんじょうご》。③・④は文末《ぶんまつ》の「ます」、⑤は文末の「た」を残《のこ》した形で答える。

52 かなづかい　107ページ

1 ①㋐は　㋑お　㋒え　㋓へ
②㋐わ　㋑を　㋒は

2 ①ふうせん　②じめん　③とけい　④とおる　⑤ゆうがた　⑥はなぢ　⑦おうさま　⑧すいえい　⑨そこぢから　⑩ちぢむ　⑪えいご　⑫こうえん

3 ①○　②こおり　③こぢんまり　④おねえさん　⑤○　⑥こおろぎ　⑦○　⑧○　⑨つまずく　⑩○

53 和語・漢語・外来語　109ページ

1 ①あなた・広場・飛ぶ　②幸福・図書館・週刊誌　③ケーキ・ラジオ・オペラ

2 ①イメージ　②メッセージ　③アプローチ　④プロセス　⑤シンボル　⑥オリジナル　⑦メリット　⑧カルチャー

3 ①イベント　②アイデア（アイディア）　③テクノロジー　④アドバイス　⑤キャリア

4 ①独特（独自）　②費用　③助手　④要望　⑤状態
（※似《に》た意味の二字熟語《じゅくご》であれば、正解《せいかい》とする。）

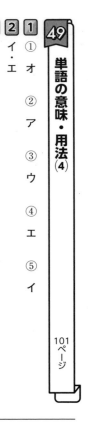

54 知っておきたい言葉(1)

111ページ

1 ① エ ② オ ③ ウ ④ ア ⑤ キ ⑥ イ ⑦ カ

2 ① いやす ② いそしむ ③ ひしめく ④ つのる

3 ① ゆだねる ② あざむく ③ ためらう

解説

1 ②「大きな体をもてあます」「食事を食べきれずにもてあます」のようにも使われる。④「はにかむ」は、「照《て》れくさい」「はずかしい」という気持ちが表れた表情《ひょうじょう》のこと。⑥「労《ろう》をねぎらう」の言い方を覚《おぼ》えておこう。「ねぎらう」は、もてなしたり、やさしい言葉をかけたりして、相手をいたわる様子や気持ちを表す。

2 ①「いやす」は、体だけではなく、心についても「苦しみをなくす、治《なお》す」という意味で使われる。②「いそしむ」は、あることに集中してがんばる様子を表す。④ここでの「つのる」は、「ますます激《はげ》しくなる」という意味。

3 ③「ためらう」は、するかしないかという決心がなかなかつかない様子を表す。

55 知っておきたい言葉(2)

113ページ

1 ① ア ② ウ ③ イ

2 ① やましい ② おぼつかない

3 ① ほこらしく ② すげなく ③ つつましく ④ いなめなかっ

4 ① あわただしい ② もどかしい

解説

1 ①「おびただしい」は、数や量《りょう》の多さについて使われる。③「やりきれない」は、どうしようもなくつらくて、がまんできない気持ちを表す。

2 ①「やましい」と「うしろめたい」は、悪いことをしたと感じているときの気持ちである。②「たどたどしい」と「おぼつかない」は、ここでは、「足どり」がしっかりしていない様子を表す。

3 空らんの直後の言葉に続《つづ》くように形を変《か》える。②「すげない」と似《に》た意味の言葉に「つれない」がある。

4 ①「あわただしい」は、気持ちがせかせかして、急いでいる様子を表す。②「もどかしい」は、できそうなのにできないという、いらいらする気持ちを表す。似た意味の言葉に「じれったい」がある。

56 知っておきたい言葉(3)

115ページ

1 ① キ ② ウ ③ オ ④ エ ⑤ ア ⑥ イ ⑦ カ

2 ① ア ② ウ ③ イ ④ ア ⑤ イ ⑥ ウ

解説

1 ①「ふんだんに」は、あり余《あま》るほど多い様子を表す。②「とりわけ」は、「選《えら》んで他と分ける」という意味の「取り分ける」からきた言葉。④「まことしやか」の「まこと」は、「真実、本当のこと」という意味。⑥「にわか」を用いた言葉に「にわか雨」「にわかじこみ（＝間に合わせに、急いで整えること）」などがある。

57 知っておきたい言葉(4)

117ページ

1 ① もくろみ ② なけなし ③ めど ④ きわめつき ⑤ あかし ⑥ おももち ⑦ たけなわ ⑧ すべ ⑨ 手ぬかり

2 ① エ ② ア ③ カ ④ ウ ⑤ キ ⑥ イ ⑦ オ

解説

1 ①「もくろみがはずれる」は、計画の目的が達成《たっせい》できないことを表す。③「めどがつく」は、目標《もくひょう》への道筋《みちすじ》がはっきりすることを表す。⑤「あかしを立てる」は、確《たし》かだと証明《しょうめい》することを表す。⑥「おももち」は、気持ちが表れた「顔つき、顔色、表情《ひょうじょう》」のこと。⑧「なすすべがない」は、「どうすることもできない」という意味。⑨「手ぬかりなく」は、「注意がゆきとどいたうえで」という意味。ここでは、確実《かくじつ》に「実行する」ことを表す。

2 ③「ひとしきり」は「一しきり」だから、それほど長くはない時間を表す。⑦「わだかまり」はよくない意味で使われることが多い。「わだかまりを捨《す》てる」「わだかまりが消える」などの言い方を覚《おぼ》えよう。

58 知っておきたい言葉(5)

119ページ

1 ①オ ②エ ③ア ④ウ ⑤イ
2 ①賛成 ②便利
3 ①先人 ②偏見 ③生計 ④入念
4 ①ウ ②ウ ③ア

解説

1 ①「感服」は、すばらしさに感心して、尊敬《そんけい》する気持ちを表す。②「風土」は、おもに土地の自然《しぜん》に関係《かんけい》のある物事を表す。④「吟味《ぎんみ》」は、じっくりと細かい点まで調べ、よしあしを判断《はんだん》することを表す。⑤「格段《かくだん》」の「格」とは、「そのものの値《ね》打ちによって生じる、地位《ちい》・身分・資格《しかく》など」のこと。「格がちがう」という言い方を覚《おぼ》えておこう。

2 ①「同調」を「同じ調子」ととらえると意味がわかりやすい。②「重宝《ちょうほう》」は、もともと「大切な宝物《たからもの》」のこと。「高価《こうか》」「貴重《きちょう》」とは意味がちがい、「使ってみてよい」ということを表す。

3 ①「先人」は、ある分野でりっぱなことを成《な》しとげた人物を指して使われることが多い。②「偏見《へんけん》」は、ものの見方がかたよっている様子を表す。③「生計を立てる」という言い方を覚えておこう。④「入念《にゅうねん》」と似《に》た意味の表現《ひょうげん》として、「念を入れる」「念入り」がある。

4 ①「意図」は、言動の中にあるねらいや目的《もくてき》を表す。②「寸分《すんぶん》のちがいもない」のように、打ち消しの「ない」をともなって使われることが多い。③「風情《ふぜい》」は、イの「はなやかさ」とはちがい、風流な味わいをもつ、ひかえめな様子を表す。

59 知っておきたい言葉(6)

121ページ

1 ①ウ ②カ ③イ ④オ ⑤ア ⑥キ ⑦エ
2 ①殺風景 ②画期的 ③感受性 ④先入観 ⑤世間体
3 ①ウ ②イ

解説

1 ②「悠長《ゆうちょう》に構《かま》える」という言い方を覚《おぼ》えておこう。⑤「一存《いちぞん》で決める」「一存では決められない」という言い方を覚えておこう。

2 ⑤「世間体《せけんてい》」は、「世間」に対する「体裁《ていさい》（＝他人に見られたときの自分の様子や状態《じょうたい》）」のこと。

3 ①「不可欠《ふかけつ》」は、もともと中国の言葉で、「欠《か》く可《べ》から不《ず》」と読める。「ないのはよくない」、つまり「絶対《ぜったい》に必要《ひつよう》だ」ということである。

60 文を作る(1)

123ページ

1 ①昨日は雨だったが、母と買い物に出かけた。
②今日は休日なので、家でゆっくりしようと思う。
③今月は寒さが厳しかったし、例年以上に雪がたくさん降った。
④君は、コーヒーか紅茶のどちらを飲みますか。
2 ①㋑それに ㋒だから ②㋑だから ㋒しかし
③㋑すると ㋒だから ④㋑それに ㋒しかし

解説

1 それぞれ、㋑の文頭の接続詞《せつぞくし》に注目する。①「しかし」を「が」に変《か》えて、㋐の文の後に続《つづ》ける。②「だから」を「ので」に変えて、㋐の文の後に続ける。③「しかも」を「し」に変えて、㋐の文の後に続ける。④文の形が変わるので注意する。「〜にしますか」のくり返しをさけてまとめる。

2 内容《ないよう》のうえでの、文と文の関係《かんけい》をつかむ。①㋐と㋑は並立《へいりつ》・添加《てんか》の関係、㋑と㋒は順接《じゅんせつ》の関係。②㋐と㋑は順接の関係で、「時間」がなかったことが、「練習」が十分でなかったことの理由となっている。㋑と㋒は逆接《ぎゃくせつ》の関係。
③㋐と㋑は順接の関係だが、話の流れから、ここは「すると」が適当《てきとう》である。

㋑と㋒も順接の関係で、ここは「だから」が適当である。④㋐と㋑は並立・添加の関係、㋑と㋒は逆接の関係。

61 文を作る(2)

125ページ

1 ① 例・一時間も考えた。
・しかし、結局、その問題は解けなかった。
② 例・体の健康が大切だ。
・だから、食事や、すいみんに気をつけよう。

2 ① それから　② すると

3 ㋑ しかし　㋒ それで

4 ・時間が足りなかった。
・それで、劇のけいこが十分にできなかった。
・ところが、本番ではうまく演じることができた。

解説

1 ①「～のに」でつながれているので、後の文を「しかし」という逆接《ぎゃくせつ》を示《しめ》す言葉で始める。②「～ので」でつながれているので、後の文を「だから」という順接《じゅんせつ》を示す言葉で始める。

2 ①「～し」でつながれているので、後の文の始まりは並立《へいりつ》・添加《てんか》の「それから」となる。②「～と」でつながれているので、後の文の始まりとして最《もっと》も適当《てきとう》なのは、順接の「すると」である。

3 ㋐と㋑は逆接の関係《かんけい》、㋑と㋒は順接の関係である。

4 「時間が足りなかった。」「劇《げき》のけいこが十分にできなかった。」「本番ではうまく演《えん》じることができた。」という三つに分けることができる。これらの文と文の関係をつかむ。初《はじ》めの文と二つ目の文は順接の関係、二つ目の文と最《さい》後《ご》の文は逆接の関係である。

62 文を作る(3)

127ページ

1 ① 例 私たちが話し合っていたのを聞いて、先生がアドバイスをしてくれた。
② 例 ぼくは今、夏目漱石の「坊っちゃん」という本を読んでいます。

2 例 庭のそうじをしたり夕食の後かたづけをしたり

3 例・かの女はピアノが上手だ。
・それは、小さいころから習っているからだ。

4 ① 例 冬休みには、スポーツを楽しんだ。
② 例 大つぶのおいしいさくらんぼだった。

解説

1 ① ㋑の文の「それ」は㋐の文全体の内容《ないよう》を指している。したがって、㋐の文の内容を「それ」にあてはめて書けばよい。「～のを聞いて、…」という形にする。②㋐の文の「本」が、だれの何という本かを示《しめ》せばよい。

2 ㋑と㋒の内容をまとめて、㋐の文に入れる。㋑と㋒は具体例《れい》を述《の》べており、対等の関係《かんけい》なので、「～たり…たり」の形にする。なお、㋐～㋒を一つの文にまとめた例としては、「庭のそうじをしたり夕食の後かたづけをしたりして、今日は、たくさん手伝《てつだ》いをした。」でもよい。

3 後の文は「それは～からだ。」という、「ピアノが上手」な理由を示す言い方になる。

4 ①「スキーをしたりスケートをしたりして、」という部分を省《はぶ》いた文を答える。②どのような「さくらんぼ」かを説明《せつめい》する文にして答える。

集中学習 漢字の読み書き① 128ページ

1 ① す　② あんい　③ りんじ　④ じょうじゅ　⑤ むく
⑥ せんでん　⑦ しいく　⑧ ふうちょう　⑨ きんもつ
⑩ おうこう

2 ① 練　② 意外　③ 印象　④ 伝統　⑤ 拝　⑥ 補
⑦ 関心　⑧ 郵送　⑨ 備　⑩ 模型

集中学習 漢字の読み書き② 129ページ

1 ① いとな　② さいしん　③ はけん　④ ひかく
⑤ かいどう　⑥ まと　⑦ こうとう　⑧ こすう
⑨ けいせい　⑩ あまぐ

2 ① 組織　② 救済　③ 雑誌　④ 貸　⑤ 就職　⑥ 穀物
⑦ 単純　⑧ 首脳　⑨ 故障　⑩ 推

集中学習 漢字の読み書き③ 130ページ

1 ① かつあい　② けわ　③ えとく　④ ふとん　⑤ りちぎ
⑥ てんこ　⑦ うけたまわ　⑧ すで　⑨ かえり
⑩ しゅうしゅう

2 ① 沿　② 浴　③ 効　④ 運賃　⑤ 率　⑥ 臨
⑦ 利益　⑧ 演奏　⑨ 発揮　⑩ 将来

集中学習 漢字の読み書き④ 131ページ

1 ① はいしゃく　② こころ　③ さしず　④ ここち
⑤ しょうじ　⑥ ひたい　⑦ かせん　⑧ お　⑨ もよ
⑩ きわ

2 ① 検討　② 規律　③ 清潔　④ 専門　⑤ 刻　⑥ 編
⑦ 批判　⑧ 収　⑨ 成績　⑩ 幼

集中学習 漢字の読み書き⑤ 132ページ

1 ① げねつ　② えんどう　③ わざ　④ よ　⑤ さかて
⑥ ほっさ　⑦ たんにん　⑧ いし　⑨ さらいねん
⑩ ごりやく

2 ① 提供　② 設　③ 警笛　④ 厳　⑤ 預　⑥ 快
⑦ 究極　⑧ 構造　⑨ 飼　⑩ 潮

集中学習 漢字の読み書き⑥ 133ページ

1 ① ぎょうそう　② ただ　③ なか　④ つ　⑤ こうみょう
⑥ むら　⑦ したが　⑧ いと　⑨ るす　⑩ きず

2 ① 費　② 操作　③ 神秘　④ 照　⑤ 済　⑥ 往復
⑦ 余地　⑧ 豊富　⑨ 保証　⑩ 納

集中学習 漢字の読み書き⑦ 134ページ

1 ① きせい　② さっそく　③ ふんべつ　④ もっぱ
⑤ びんじょう　⑥ くちょう　⑦ いくじ　⑧ よそお
⑨ おうらい　⑩ なっとく

2 ① 輸送　② 奮　③ 発展　④ 貴重　⑤ 容易　⑥ 破片
⑦ 開放　⑧ 暮　⑨ 届　⑩ 難

集中学習 漢字の読み書き⑧ 135ページ

1 ① あんぴ　② せっぱん　③ ほが　④ へ
⑤ ぞうきばやし　⑥ しゅっぱん　⑦ いた　⑧ きんいつ
⑨ しる　⑩ ほ

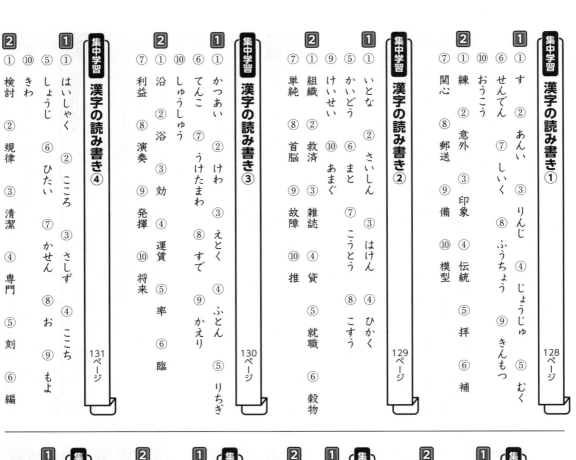

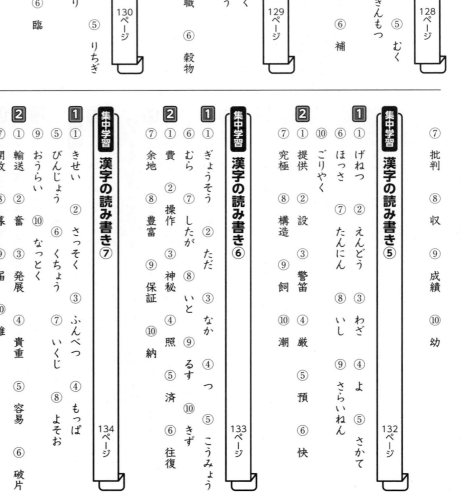

2 ①綿密 ②訪 ③易 ④心臓 ⑤尊敬 ⑥招 ⑦注 ⑧都合 ⑨伝授 ⑩追求

集中学習 漢字の読み書き⑨ 136ページ

1 ①ようじょう ②ふぜい ③しょうじん ④いた ⑤そむ ⑥うやま ⑦じゃっかん ⑧どきょう ⑨やわ ⑩せきじつ

2 ①値段 ②達成 ③均等 ④退 ⑤態度 ⑥垂 ⑦優勝 ⑧著 ⑨対象 ⑩独立

集中学習 漢字の読み書き⑩ 137ページ

1 ①よわね ②くめん ③はなたば ④じょうせき ⑤にが ⑥けいだい ⑦こうご ⑧むぞうさ ⑨ていさい ⑩がいろじゅ

2 ①誠実 ②準備 ③謝 ④捨 ⑤姿勢 ⑥講演 ⑦建築 ⑧故郷 ⑨勤勉 ⑩任

集中学習 漢字の読み書き⑪ 138ページ

1 ①こうりつ ②と ③ぎもん ④いさ ⑤そんちょう ⑥てぎわ ⑦じかく ⑧たいとう ⑨しっそ ⑩かな

2 ①反 ②修理 ③就 ④車窓 ⑤博識 ⑥裁 ⑦航海 ⑧孝行 ⑨検査 ⑩潔

集中学習 漢字の読み書き⑫ 139ページ

1 ①しぐれ ②ごうじょう ③がんらい ④いま ⑤ちょうほう ⑥きょしゅ ⑦かおく ⑧くんりん ⑨すこ ⑩こい

2 ①際限 ②評判 ③省 ④傷 ⑤習慣 ⑥志 ⑦朗報 ⑧徒労 ⑨縦断 ⑩至急

集中学習 漢字の読み書き⑬ 140ページ

1 ①わざわ ②たんざく ③つゆ ④しろうと ⑤すいとう ⑥すみ ⑦はんしゃ ⑧かいそう ⑨む ⑩ね

2 ①率先 ②作法 ③拡張 ④従来 ⑤興奮 ⑥収集 ⑦具合 ⑧挙 ⑨吸 ⑩危険

集中学習 漢字の読み書き⑭ 141ページ

1 ①たいぐん ②あきな ③たいき ④せいみつ ⑤じきひつ ⑥けしいん ⑦おかん ⑧げし ⑨ゆうぜい ⑩ほきゅう

2 ①逆 ②温 ③案外 ④延 ⑤養 ⑥深刻 ⑦供 ⑧規模 ⑨領域 ⑩鉄棒

集中学習 漢字の読み書き⑮ 142ページ

1 ①かわら ②ひんぷ ③しょめい ④だんめん ⑤う ⑥すじがね ⑦しょもう ⑧まいご ⑨ゆうぎ ⑩さみだれ

2 ①割 ②洗練 ③誕生 ④創造 ⑤誤解 ⑥劇的 ⑦会心 ⑧寒暖 ⑨看護 ⑩蒸発

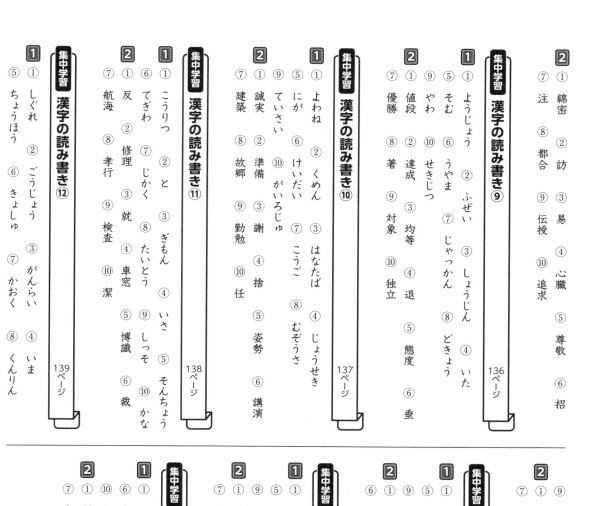

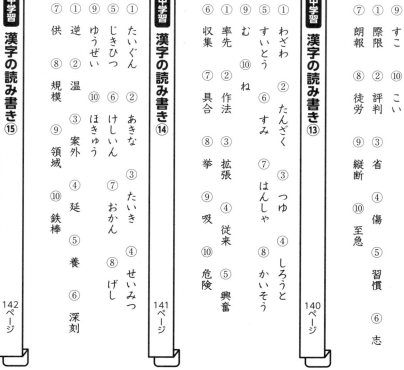

集中学習 漢字の読み書き⑯ 143ページ

1 ①いっこう ②つら ③やまい ④はつが ⑤お ⑥みき ⑦きよう ⑧ゆうば ⑨けいふく ⑩うむ

2 ①由来 ②利口 ③夢中 ④役割 ⑤務 ⑥貿易 ⑦乱 ⑧暴 ⑨訪問 ⑩閉口

集中学習 漢字の読み書き⑰ 144ページ

1 ①けはい ②そ ③ふせ ④かたとき ⑤ぬのじ ⑥うちわけ ⑦だんしょう ⑧そんぞく ⑨ずじょう ⑩そうじ

2 ①観察 ②包装 ③背景 ④肉眼 ⑤巻頭 ⑥革新 ⑦現象 ⑧結局 ⑨貧 ⑩器官

集中学習 漢字の読み書き⑱ 145ページ

1 ①とっしん ②さず ③えいゆう ④ぜせい ⑤むしゃ ⑥は ⑦と ⑧せきはん ⑨てごわ ⑩つか

2 ①訳 ②負担 ③拝見 ④散策 ⑤有終 ⑥祝 ⑦拾 ⑧貯金 ⑨測 ⑩切実

集中学習 漢字の読み書き⑲ 146ページ

1 ①ざんだか ②も ③い ④すなはま ⑤さかいめ ⑥ちょじゅつ ⑦さわ ⑧たわら ⑨よはく ⑩たも

2 ①巣 ②真相 ③障害 ④徒競走 ⑤復興 ⑥周知 ⑦燃 ⑧断 ⑨仲裁 ⑩盛大

集中学習 漢字の読み書き⑳ 147ページ

1 ①た ②なまあたた ③とうじ ④かわも ⑤しばい ⑥せ ⑦じたい ⑧ふうぶつし ⑨あずき ⑩いな

2 ①承知 ②討論 ③困難 ④有頂天 ⑤観衆 ⑥降参 ⑦厳 ⑧許可 ⑨導 ⑩機能